Uwe Timm   Vogel, friß die Feige nicht

UWE TIMM

VOGEL, FRISS DIE FEIGE NICHT

Römische Aufzeichnungen

Kiepenheuer & Witsch

© 1989 by Verlag Kiepenheuer & Witsch, Köln
Alle Rechte vorbehalten. Kein Teil des Werkes darf in irgendeiner Form
(durch Fotografie, Mikrofilm oder ein anderes Verfahren) ohne schriftliche Genehmigung des Verlages reproduziert oder unter Verwendung
elektronischer Systeme verarbeitet, vervielfältigt oder verbreitet werden.

Schutzumschlag: Mendell & Oberer, München
Satz: Fotosatz Froitzheim, Bonn
Druck und Bindearbeiten: Freiburger Graphische Betriebe
ISBN 3-462-01962-7

Für Diederich Hinrichsen

Die Vernichtung der Zettelkästen

Die letzte Nacht schlief ich in der leeren Wohnung: Der Teppichboden herausgerissen, die Lampen abmontiert, in den Zimmern stand feucht der Geruch von Tünche. Im Schein einer Taschenlampe wühlte ich in dem zusammengekehrten Dreck und sammelte Pfennigstücke, Haarklammern, Briefmarken und Legostücke heraus, wußte dann aber nicht, wohin mit dem Kleinkram, und kippte alles in den Müll.

Zuletzt hatte ich gemeinsam mit P. die Kammer ausgeräumt, die vollgestopft war mit Zeitungen, Illustrierten, Seminararbeiten, Exzerpten, Briefen, Flugblättern, Resolutionen zu Teach-Ins, Go-ins und all jenen Manuskripten, die, unaufgefordert zugeschickt, aus irgendwelchen Gründen hier seit Jahren liegengeblieben waren. Diese unfaßlich öden, holprigen Schreibereien, die durch alle Verlage gewandert waren und manchmal, trotz Ablehnung, mit dem gleichen Begleitbrief wieder auftauchten.

In den letzten Monaten mußte ich mich mit einer immer größeren Kraft zum Lesen der Manuskripte zwingen, bekam immer häufiger Wutanfälle, sprang auf und rannte ins Freie. Beinahe wäre dieser Papierberg, der schon vier Umzüge mitgemacht hatte und immer weiter angewachsen war, zusammen mit den Möbeln eingelagert worden. Aber dann stand ich in diesem Altpapier, diesem Durcheinander, diesem aus den Borden quellenden Hochglanzpapier, den vergilbten Zeitungen, den eingerissenen, zerfledderten Exzerpten aus *Sein und Zeit*, *De anima*, den Seminararbeiten, Reisenotizen, all den Ausschnitten, Zetteln, Karteikarten, und spürte einen körperlichen Ekel, stopfte das Papier in Kartons und schleppte die mit H. runter. Die Kammer war noch nicht leer, da quoll im Hof

der Müllcontainer über. Ich stieg auf den Papierberg und stampfte ihn mit einer albernen Munterkeit zusammen: keine Manuskripte mehr lesen, keine Gutachten mehr schreiben, keine Bücher mehr an den Wänden, die im Traum manchmal auf mich stürzten. Leere, weiße Wände. In der Ferne die Atemsäule des Pottwals.
Lag im Dunkeln in der Badewanne und genoß die Wärme und den leichten Auftrieb, wenn ich die Luft anhielt. Fast wäre ich im Wasser eingeschlafen.
Ich ging durch die Zimmer. In ihrer Größe und hallenden Leere waren sie mir fremd und vertraut zugleich.
Ich sah in die Straße hinunter. Die einzige Bewegung in der nächtlichen Stille war das leise Schaukeln der Neonlampen, die auch die Schatten der geparkten Autos hin- und herwandern ließen. Die Müdigkeit war wie Fusseln in den Augen.
Es war der 21. September und kurz nach 3 Uhr nachts.

Für den Tag der Abreise – D. war mit den Kindern schon vorausgefahren – hatte ich mir Regen gewünscht, einen grauen regnerischen Himmel. Aber die Sonne schien, und es war für Ende September ganz ungewöhnlich warm.
Beim Einbiegen in die Paradiesstraße sah ich nochmals zurück zum Englischen Garten, in dem sich Spaziergänger, Radfahrer und Köter drängten. An warmen Tagen schob sich das in Massen zum Chinesischen Turm. Dort lag über den Tischen und Bänken eine Staubwolke und der Gestank von Pisse, Bier und Gebratenem.

Auf der Autobahn, am Inntal-Dreieck, ein Stau. Im Radio sang eine Frauenstimme: The bloody rose. Ein Polizist stand auf der Fahrbahn und winkte die Autos an einem zusammengedrückten Ford vorbei. Zwischen

Glasscherben und Sägemehl lag ein Plüschteddy. Am Straßenrand standen zwei längliche Blechwannen mit Stielgriffen.

Der pickelige Zöllner ging um den mit Wäsche, Töpfen, Lampen, Bettzeug vollgeladenen Wagen. Er zeigte auf die mit Kleidungsstücken vollgestopften Plastiksäcke: Cosa é questo? Le mie camicie.
Er lachte und winkte mich durch.

Hinter dem Brenner begann es zu nieseln. Kaum in Italien, hatte ich die quietschenden Scheibenwischer und diese schwarz glänzende Straße vor mir, auf der sich die Scheinwerfer der entgegenkommenden Autos spiegelten. Dicht an dicht kam da der deutsche Mittelstand in seinem Daimler und BMW und schleppte seine Segelboote und Surfbretter vom Lago Maggiore zum Überwintern nach Hause. In den Süden fuhren jetzt, Samstagnacht, nur wenige Autos.

Wer da alles runterzog: Henze und Neckermann, Thomas und Heinrich Mann, stigmatisierte Metzgermeister und württembergische Hofmaler, all die Heinrichs, Ottos und Karls, und natürlich die Ost- und Westgoten, die Cimbern und Teutonen, über die Alpen, den Stiefel runter, Richtung Rom.

Kurz vor Bozen hatte es aufgehört zu regnen.
Ein kleiner kropfiger Hoteldiener trug mir den Koffer. Er betonte, daß ich den Wagen ruhig auf der Straße stehenlassen könne, hier werde nichts geklaut, hier habe alles noch seine Ordnung.
Später, nach dem Abendessen, ging ich in die Altstadt,

durch die viele Freizeitjacken spazierten, ältere deutsche Ehepaare. Kam in eine Nebengasse, den Bozener Kiez, drei Bars, alle leer, vor einem Eingang eine magere Frau, die mir schon von weitem zuwinkte, als habe sie dort seit Stunden auf mich gewartet. Sie redete in einem rheinländischen Dialekt auf mich ein, wollte etwas trinken, ich sagte: Qu'est-ce que vouz voulez?
Da wechselte sie ins Französische und sprach es weit besser als ich, hakte sich ein, ging nebenher. Erzählte mir von dieser Scheißstadt, den Scheißleuten, versprach eine einmalige Nummer.
Je suis fatigué.
Aber da lachte sie nur. In meiner Hilflosigkeit wechselte ich abermals die Nationalität, sagte: I am married.
Da blieb sie stehen. Merde, sagte sie, lachte dann aber: How sweet und lovely dost thou make the shame. Good night, poor little boy.

Archäologie der Wünsche

Nachmittags auf dem Raccordo annulare: ein Stau, der sich mit 130 Stundenkilometern vorwärtsbewegte. Die Hände am Lenkrad verschweißt, raste ich, nach der Ausfahrt Ausschau haltend, auf der mittleren Fahrbahn, hinter mir, Stoßstange an Stoßstange, ein Blitzen, Hupen, wenn ich auch nur etwas Gas wegnahm, von rechts und links überholende, vorn einscherende Autos, die sofort die entstandene Lücke wieder füllten. Ich verfehlte die erste Ausfahrt, wurde unfreiwillig in die zweite hineingeschoben, die sich als richtig erwies, kam auf die Nomentana, die durch eine rötliche Ebene führt, links und rechts Pinien, und in der Ferne in einem braunen, ja goldenen

Licht: Rom. Die Farben auf den Postkarten hatten nicht übertrieben.
Dann die ersten Häuser, Neubauten, die Fassaden braun verkachelt, sieben-, achtstöckig. Und wieder bildete sich ein Stau, der diesmal zum Stehen kam. Am Straßenrand das Verkaufsgelände eines Keramikgroßhandels. Dort standen Blumentöpfe in allen Größen und Farben, Statuen aus einem Marmor imitierenden weißen Material, verkleinerte Repliken antiker Skulpturen, die – anders als bei uns die Gartenzwerge, die eine putzige Erinnerung an die Wildnis sind – die klassische Kultur in den Vorgarten bringen sollen.
Kniehoch: Laokoon mit seinen Söhnen in den Kampf mit der Schlange verwickelt, der Apoll von Belvedere in halber Lebensgröße, die kapitolinische Wölfin, variierend von der Größe eines Rehpinschers bis zu der eines ausgewachsenen Wolfs, dann die verbissene Gruppe, die Unauflösbaren: zwei Ringer. Der eine, ein bärtiger, muskulöser Mann, hat seinen Gegner, einen jüngeren Mann, gepackt und in einer Drehung hochgehoben, um ihn mit einem einzigen kraftvollen Schwung, kopfüber, zu Boden zu schleudern, wenn der nicht seinen Hodensack ergriffen hätte und umklammert hielte. So kann der eine wie der andere nicht loslassen, und sie stehen buchstäblich versteinert da.
Nahm mir vor, diese Statue zu kaufen und H. für seinen Garten zu schenken, als allegorische Darstellung des Realismus. Man kann sich aussuchen, welcher Ringer die Wirklichkeit und welcher die Literatur darstellt. Kastration oder weiche Birne, das jedenfalls wäre die Folge, würde diese Verschlingung aufgelöst.

Die Via Gradisca, eine schmale Einbahnstraße. Hinter vergitterten Vorgärten zwei- und dreistöckige Häuser aus der Jahrhundertwende. Das Haus Nr. 13: ockerfarben, der Putz fällt von den Fassaden, schiefe Holzjalousien, vor der Haustür ein Haufen Spaghetti, matschig, rotbraun, zwei räudige Katzen fressen davon. Der Geruch nach Katzenpisse. Im Garten eine Fächerpalme, die Farben leuchten im letzten Licht, das Dach, die Gesimse, die Fensterläden, alle Dinge treten aus sich heraus, scharf umrissen, als wollten sie sich nochmals ihrer selbst vergewissern, bevor sie ins Ungefähre, Dunkle fallen. Die Kinder kommen und wollen mir als erstes den Brunnen zeigen, einen Brunnen direkt am Haus, ein marmorner Löwenkopf, abgestoßen die Schnauze, die Ohren, aus dem Maul fließt Wasser in ein Betonbecken. Ich muß die Arme hineinstecken, ein eiskalter Schock, dann muß ich ihnen die Arme zeigen. Sie streichen mir gegen den Strich über die Armhaare, die sich aufgestellt haben, ein kitzelndes, durchdringendes Schaudern. Das sei Gruseln, behaupten sie und wollen sich ausschütten vor Lachen. D. kommt in ihrem weiten, ehemals schwarzen, von der Sonne ausgebleichten Kleid.
Liegen nachts im Bett ohne Decke, nackt. In München laufen sie jetzt in Mänteln durch die Straßen. Aus dem Garten steigt ein Duft, schwer und süß wie ein Parfum, der Duft von einem blühenden Busch, dessen Namen wir nicht kennen. Das Kreischen der Katzen, Fernsehlärm, irgend jemand singt, Stimmen, Gelächter, von fern der Verkehrslärm, nahe das Schlürfen des Ablaufs am Brunnen, hin und wieder das Aufheulen einer Sirene von einem geparkten Auto.

Vor dem Fenster steht ein Orangenbaum. Im dunkelgrünen Laub leuchten gelb die Früchte. Niemand macht sich die Mühe, sie zu pflücken. Sie fallen auf das Garagendach, auf dem die Katzen dösen.

Die Archäologie der Wünsche. Saß 1946, im Winter, in der Küche, dem einzig beheizbaren Raum in der Wohnung, die wir mit zwei anderen Mietern teilen mußten, und übte schreiben. Die Mutter wusch ab. Fräulein Scholle pütscherte am Herd herum. Da kam der Vater in die Küche, verbarg etwas hinter dem Rücken. Mit einer schnellen Bewegung legte er eine Frucht auf mein Heft, eine nie gesehene Frucht, von der ein nie gerochener Duft ausging, die Schale porig und doch glatt, lag sie mir in der Hand, und nach einem kurzen Zögern biß ich in diese Orange. Eine die Zunge überziehende Bitterkeit. Die Erwachsenen lachten. Fräulein Scholle nahm die Frucht, schnitt sie auf, klappte die Scheiben auseinander, und die Frucht lag da wie eine Blüte, eine Seerose, deren Inneres so schmeckte, wie die Schale leuchtete.

Das Haus, zweistöckig, ist Ende des letzten Jahrhunderts erbaut worden und ähnelt im Kleinen dem, was Mussolini später am Corso Trieste monumental hinklotzen ließ: eine antikisierende Architektur. Die Zimmer vier Meter hoch, der Fußboden gekachelt, schwarzweiß, von stilisierten Weinblättern umrandet. An den Decken, von beängstigender Größe, schwere Stuckrosetten. Eingerichtet hat die Wohnung Frau Bassi vor siebzig Jahren: Kristallüster, marmorierte Lampenschalen in der Größe von Regenschirmen, klotzige Vertikos, Mahagonischränke in einem Jugendstil, der sich durch Monumentalität auszeichnet. Tapeten, exotische Ornamente. Auf einer An-

richte schreitet eine nackte Bronzefrau aus, den Arm hochgestreckt, als wolle sie zu den Sternen greifen, ein starker Gegenwind drückt ihr ein Bronzetuch auf die Brüste und zwischen die Schenkel.
Dem Haus gegenüber liegt ein kleines Karmeliterinnenkloster mit einer Mädchenschule. Stündlich bimmeln die Glocken, anhaltend lange, zur Vesper. Morgens geht die Äbtissin auf der Veranda auf und ab und liest im Brevier. Die Mädchen sitzen in Hollywoodschaukeln. Ein ständiges Gegacker und Gekicher. Später die Stimme einer Nonne, die einen englischen Text vorliest, aber wie gesungen und kaum verständlich. Die Mädchen sitzen über die Tische gebeugt und schreiben. Vermutlich ein Diktat. Einmal schaut ein Mädchen auf und blickt herüber, wie ertappt beugt es sich schnell wieder über das Heft. Im Garten jätet eine Schwester Unkraut. Ein massiver schwarzberockter Hintern.
Hinten der kleine Salon, vollgestellt mit dunklen Schränken, Stühlen mit verschnörkelten massiven Lehnen. Der Blick aus dem Fenster geht auf einen massiven Rundbau. Das Ocker der Fassade hat der Regen in langen Streifen vom grauen Beton abgewaschen. Es ist das staatliche Heim für die Kriegsblinden. Im Hof steht ein kleiner Kuppelbau, in den Arm- und Beinprothesen hinein- und hinausgetragen werden. Dort ist eine Werkstatt, in der die Blinden Prothesen herstellen und reparieren.
Nach vorn schiebt sich eine hochgemauerte halbrunde Terrasse wie eine Bastion auf die Straße, die sich an dieser Stelle zu einem kleinen Platz weitet. Morgens und am späten Nachmittag marschieren auf der Terrasse vier ältere Männer im Gleichschritt nebeneinander an der Balustrade entlang, von Hausmauer zu Hausmauer, gute 70 Meter. Wenige Zentimeter vor der Hausmauer bleiben

sie stehen, machen eine militärische Kehrtwendung und marschieren den Halbkreis wieder zurück, bis zur entgegengesetzten Mauer. Kehrtwendung. Rückmarsch. Hin und her. Wahrscheinlich marschieren sie dort schon seit Kriegsende. Sie tragen dunkle Brillen, haben sich untergehakt, werfen die Beine und brüllen sich an. Einem fehlen beide Hände. Wahrscheinlich ist der eine oder andere taub, vielleicht sind es auch alle vier.

Träumte von meinem Bruder, der – meine einzige Erinnerung an ihn – sich hinter einem Besenschrank versteckt hält. Er will mich, seinen kleinen Bruder, überraschen. Aber ich sehe seinen Kopf, sein blondes Haar. Er war damals, wie man mir später erzählte, auf der Durchreise von Frankreich nach Rußland, wohin seine Division verlegt worden war. Einige Monate später schrieb er meinem Vater aus Charkow einen Brief: *Mein lieber Papi! Leider bin ich am 19. schwer verwundet worden. Ich bekam einen Panzerbüchsenschuß durch beide Beine, die sie mir nun abgenommen haben. Das rechte Bein haben sie unterm Knie abgenommen und das linke wurde am Oberschenkel abgenommen. Sehr große Schmerzen hab ich nicht mehr.*
Das steht da in einer durch das Morphium verzerrten Schrift.
Tröste die Mutti, es geht alles vorbei.
Damals war er 19 Jahre alt.
Er war an einem Abend im Winter 1942 losgegangen, zu dem Meldebüro der SS-Kasernen in Ochsenzoll. Es war schon dunkel, und er hatte sich aus dem Villen-Vorort hinaus ins offene Land verlaufen. Es war eine mondhelle Nacht, und dennoch konnte er weder einen Wegweiser noch sonst ein Zeichen finden, das ihn hätte zur Kaserne

führen können. Schließlich sah er auf der Landstraße einen Mann stehen. Der Mann stand da und blickte über die Felder, in deren Ackerfurchen feine Streifen Schnee lagen. Er sprach den Mann an und fragte nach den Kasernen. Der Mann aber starrte in den aufgehenden Mond und sagte: Der Mond lacht. Und als mein Bruder nochmals nachfragte, sagte der Mann, er solle ihm folgen. Der Mann ging voran, schnell, fast lief er, ohne sich umzudrehen, ohne Rast gingen sie durch die Nacht. Sie gingen an dunklen Bauernhäusern vorbei. Das heisere Muhen der Kühe aus den Ställen, das splitternde Eis in den Radspuren. Mein Bruder fragte, ob sie denn auf dem richtigen Weg seien. Da drehte sich der Mann um und sagte: Ja, wir gehen zum Mond, da, der Mond lacht, er lacht, weil die Toten so steif liegen.

Zu Hause erzählte mein Bruder, wie er sich einen Moment gegraust habe, und daß er später, als er sich zum Bahnhof durchgefragt hatte, zwei Polizisten traf, die nach einem Verrückten suchten, der aus der Alsterdorfer Anstalt ausgebrochen war.

Am nächsten Tag war mein Bruder abermals losgefahren, hatte das Musterungsbüro gefunden, wurde auch sofort genommen: 1,85 m groß, blond, blauäugig.

Meine Mutter verwahrt die kleine Pappschachtel, die ihr später aus dem Lazarett zugeschickt worden war: sein Tagebuch, seine Orden, ein paar Briefe von meiner Mutter und meinem Vater, zwei Fotografien, die eine zeigt einen unbekannten Kameraden, die andere den Vater, sowie einen kleinen schwarzen Taschenkamm und eine Tube Zahnpasta. In ihrer verdrückten Aluminiumhülle ist sie zu Stein geworden.

Erste Einblicke

Morgens im Deutschen Archäologischen Institut. Dorthin hat uns Herr Milite bestellt. Er ist der Neffe von Frau Bassi, der Besitzerin der Wohnung, die, 92 Jahre alt, vor Jahren zu ihrer Familie aufs Dorf gezogen ist. Herr Milite tritt als Vermieter der Wohnung auf. Ein alter Mann mit einem mißtrauischen Zug im Gesicht. Er war beim militärischen Geheimdienst und ist seit zehn Jahren pensioniert. Er hat Arthrose in den Hüftgelenken, geht am Stock und ist ein Opfer seines Berufs. Das Mietgeld wollte er nicht in der Wohnung, sondern, wie auf einem konspirativen Treff, im Deutschen Archäologischen Institut entgegennehmen. Wahrscheinlich will er eine Zeugin haben, eine deutsche Sekretärin, die uns die Wohnung vermittelt hat und immer wieder betont, Herr Milite sei einer der ehrlichsten Männer, die sie kenne. Der Ehrenmann scheint aber auch noch seine Familie zu bescheißen, denn als er sich nach langem Gerede bereit erklärt, eine Quittung zu geben für die deutsche Steuerbehörde, schreibt er einen geringeren Betrag auf. Weigert sich auch, den Betrag als Mietgeld auszuweisen, weil damit das Mietverhältnis anerkannt wäre. Denn es ist, seit die Kommunisten die stärkste Partei im Stadtrat sind und den Bürgermeister stellen, ein neuer Mieterschutz eingeführt worden. Kündigungen und Mieterhöhungen sind nur schwer oder gar nicht durchsetzbar. Die Wohnung hatte er an D. vermietet, die vorausgefahren war. Ein alter geiler Bock, der D., obwohl sie schwanger ist, mit Leckaugen ansieht. Von mir verlangt er, daß ich mich bei dem zuständigen Kommissariat anmelden müsse. Sofort. Die Roten Brigaden, die sich überall einnisten, überall wühlen, entführen, überfallen, morden. Neulich war ein

Mitglied der Roten Brigaden verhaftet worden. Der Mann hatte zur Tarnung eine hübsche junge Ehefrau, zwei nette Kinder. Die Fotos konnte man in der Zeitung sehen. Herr Milite sieht mich mißtrauisch an. Dann geht er weg, auf den Stock gestützt.

Die Kinder wurden früh morgens mit einem Bus zum deutschen Kindergarten gebracht, der weit draußen, an der Via Aurelia liegt.
Ich fuhr mit dem 36er zum Bahnhof Termini, dessen Eingangshalle sich einem wie eine Brandungswelle entgegenwirft. Ich wollte einen Scheck einwechseln. Vor dem Bankschalter stand eine Schlange Touristen bis weit in die Ankunftshalle hinein. Die Einlösung eines Euroschecks ist wahrscheinlich sogar in Burundi einfacher als hier in Rom. Nach zwei Stunden Warten schloß der Bankangestellte plötzlich den Schalter, dafür wurde ein anderer geöffnet. Alle stürzten dahin, eine drängende, stoßende Menschenmenge, die sich unter den beruhigenden Zurufen eines Engländers langsam in die Länge zog und eine neue Schlange bildete. Ich kam wieder ans Ende zu stehen, da gab ich auf und ging hinaus. Eine niederdrückende Hitze, ein milchiger Dunst.
Vor dem Bahnhof, auf der Piazza dei Cinquecento, verkaufen fliegende Händler Uhren, Transistorgeräte, Schuhe, tunesische Lederpuffs, gepunzte marokkanische Taschen. Daneben ein Stand mit alten abgegrabbelten Zeitschriften: *Playboy, Penthouse, Lui,* in verschiedenen Sprachen und Ausgaben, in denen ein paar Nordafrikaner blätterten. Auffallend, wie die Nationalitäten die Nacktheit anders präsentieren, mit einer anderen optischen Beschreibung der zur Schau gestellten Körper, mal betatschend, mal kühl distanziert: Für die amerikanischen

Ausgaben von *Penthouse* und *Playboy* werden die Mädchen »scharf« photographiert, ähnlich auch die deutschen Ausgaben, eine sterile, makellose Nacktheit von der technischen Kühle einer Sportwagenkarosserie, während die französischen Photographen mit Weichzeichnern arbeiten. Die italienischen Magazine hingegen zeigen die Frauen noch mit Resten des Alltäglichen, der gewöhnlichen Normalität, nicht retuschierte Muttermale, Falten, eine kleine Laufmasche am Strumpf, auch scheinen viele der dargestellten Mädchen spontan zu lächeln. Aber vielleicht ist auch das nicht zufällig, sondern noch raffinierter inszeniert, weil diese Pornographie in ihrer Alltäglichkeit leichter »begreifbar« ist.
Die Luft ist wie Schleim. Der Himmel hat sich bezogen, grau, mit orangen Schlieren, vom Süden ziehen schwarze Wolken auf, auch von Nordwesten schiebt sich eine Wolkenbank hoch.
Gehe in das dem Bahnhof gegenüberliegende Thermenmuseum, laufe in einer inneren Unruhe, mit einer flusigen Wahrnehmung durch den Kreuzgang, der mit antiken Plastiken, Sarkophagen und Kapitellen vollgestellt ist, dazwischen liegen wie amputierte Gliedmaßen Marmorfüße, Arme, Hände.
Meine Beine sind wie mit Blei ausgegossen. Ich setze mich in den Kreuzgang des ehemaligen Kartäuserklosters und beobachte die beiden aufeinander zutreibenden, blauschwarzen Wolkenbänke am Himmel, bis der erste Blitz aufzuckt, eine Sturmböe durch die drei mächtigen Palmen fährt, ein ferner Donnerschlag, Blitze, ganz nahe, mehrere heftige Donnerschläge, mit einer Wucht, die sich als Druck auf die Brust legt. Der Himmel reißt auf, Wasser stürzt heraus. Ein paar Touristen haben sich mit mir in die Ecke des Kreuzganges geflüchtet. Zwei Japanerin-

nen klammern sich aneinander, ihr Haar knistert, sträubt sich, sie stehen da in ihren ärmellosen weißen Blusen, frieren und starren in den tobenden Himmel.
Doomsday, sagt ein Ami und putzt sich die Nickelbrille. Plötzlich versteht man, warum die antiken Chroniken voll von diesen Katastrophenmeldungen sind, all die dramatischen Blitzschläge, Brände, Kugelblitze, die Paläste verwüsten, die Statuen zertrümmern, Kupferdächer glühen lassen, wie auch jener Blitz, der in die kapitolinische Wölfin einschlägt, ihr den Hinterlauf und Romulus und Remus unter den Zitzen wegschmilzt. Es riecht nach feuchter Erde, und hin und wieder drückt ein Windstoß eine feine Regengischt in den Kreuzgang.
Eine halbe Stunde später: Ein kühler blauer Himmel, das Grün der Bäume und Büsche leuchtet, und die Autodächer auf der Piazza della Repubblica glänzen in der Sonne.

Der Markt auf der Via Scuderie, nahe dem Quirinal. In den Ecken, zwischen antikem Schutt, der Müll, Plastiktüten, Flaschen, Dosen, Scheiße. Aber der kleine Platz selbst ist sorgfältig gekehrt, Wasser fließt im Rinnstein, die Händler haben ihre Stände aufgebaut. Auf den Holztischen liegen, sorgfältig nach Größe und Farbe sortiert, Äpfel, Birnen, Tomaten, Avocados, Apfelsinen, Zitronen, dazwischen Sellerie, Salatköpfe, Lauchstangen und Gurken, alles größer als zu Hause, die Farben intensiver. Zwischen den Tischen gehen die Frauen und Mädchen, in leichten offenen Kleidern, die zarten Einschnitte der Slips unter den Kleidern, Männer, die im Vorbeigehen Brüste, Oberarme und Hintern streifen, wie zufällig, aber doch gezielt, eine Lust an der Berührung, dem Befühlen, dem Tastsinn, dieser bei uns so verborgen-verbotenen Wahrnehmung. Mein Vater: Fummel nicht, faß das nicht an, Hände auf die Bettdecke, Hände auf den Tisch; das ewige Waschen der Hände, das Säubern der Fingernägel; schließlich sah man sich vor, faßte nicht mehr alles an, berührte nicht mehr jeden, war irritiert, wurde man berührt, zuckte innerlich zusammen, so wie in den überfüllten U-Bahnen, Bussen, Aufzügen, jeder versuchte, sich in sich zu verkriechen. Hier gehen die Jungs eingehakt. Dieses Betasten der Birne, des Apfels, der Avocado, wie anders auch könnte man prüfen, ob sie reif, also genießbar ist. Was hier in den feinsten Abstufungen rot und gelb leuchtet, ist bei uns ein Grün mit rötlichen oder gelben Tönungen, Bananen, die wie Gurken schmecken, splitternde Birnen, winzige, vor ihrer Entfaltung herausgerissene Salatköpfe, Tomaten aus den holländischen Gewächshäusern, die so künstlich schmecken, wie sie aussehen, kugelrund und kunststoffrot.

Mein Vater konnte immer wieder diese Geschichte erzählen, wie ein Freund aus Amerika gekommen sei und versucht habe, ihn zu umarmen, wobei sie sich beide die Brillen von den Nasen gerissen hätten.

Wasch dir die Hände, sagte er, wenn ich jemandem die Hand gegeben hatte.

Eine Frau in einem fast, nicht ganz, nicht viel mehr als etwas, aber doch mehr als nicht durchscheinenden Seidenkleid nimmt die Avocados in die Hand, redet auf den Händler ein, schüttelt die Früchte am Ohr, lauscht, ob die Kerne locker sitzen, redet, sie verhandeln über den Preis, dann wickelt er die Avocados einzeln in Zeitungspapier ein und legt sie vorsichtig in die Plastiktüte.

Kaufte mir Feigen und wusch sie unter einem Hydranten: diese kleinen gelbgrünen Scheinfrüchte, aus denen aufplatzend der Saft tropft, rötlich weiß und körnig klebrig, diese die Zunge pelzende Süßigkeit.

In Italien kann man nur noch seine Vorurteile bestätigen, sagt W., den es neuerdings nach Belgien zieht, das er für das in den Köpfen am wenigsten festgelegte Land Europas hält. Vielleicht hat er recht.
Meinen Einwand, daß man dort keine reifen Feigen essen könne, wollte er nicht verstehen.

Die Kontoeröffnung

Banca Nazionale del Lavoro, ein klotziger Bau aus der Jahrhundertwende, auf der Via Veneto, Marmortreppen, Granit im Entree, Spiegel, eine Schalterhalle wie in einem Flughafen, weißer Marmor gefliest.
Frage den Pförtner: Dove posso aprire un conto?
Meine Frage macht den Mann sprachlos. Ich wiederhole meine Frage. Ich möchte ein Konto eröffnen. Der Mann denkt nach, dann führt er mich zu einem Mädchen, das an der Auskunft sitzt, ein Gesicht aus Schminke, kalt, regungslos, sie redet maulig etwas, weist schnippisch auf einen Schalter.
Der Mann am Schalter spricht meine Frage nach, schüttelt den Kopf, führt mich zu einem älteren Herren in einem Büro, sie reden miteinander, ausführlich, sehen mich an, der ältere Mann schüttelt den Kopf, läßt sich meinen Paß geben, fragt nach meinem Beruf, scrittore, aha, scrittore, sagt er, steht auf, ich soll ihm folgen, dieser Endloskinderklavers, von einem, der um die Welt fährt, nach Bagdad kommt und durch den Suk geht, weil dort kein Wind weht, sieht er eine Frau an der Tür sitzen, mit

ganz enorm dicken Zitzen, die sagt: Salemaleikum, ich denk, ich soll mal reinkommen, wir gehen durch hohe Gänge, Frauen stöckeln vorbei, Männer in faltenlos gebügelten Hemden, die Manschetten sorgfältig umgekrempelt, Krawatten, ein Mahagonilift, wieder ein Gang, Lüster, ein Vorzimmer, eine Sekretärin telefoniert, ein Büroraum, abstrakte Grafiken an der Wand, ein junger Mann hinter einem leergefegten Schreibtisch, er steht auf, gibt mir die Hand, hört sich an, was der ältere ihm da erzählt, klopft mir auf die Schulter, zeigt auf einen Ledersessel, ich sage, daß ich doch nur ein Konto eröffnen wolle, keinen Kredit, ich rede in meinem Gastarbeiteritalienisch, werde plötzlich unsicher, ob ich mir die Redewendung richtig eingeprägt habe, ich suche nach dem Zettel, den ich mir extra eingesteckt habe, wühle, die beiden sehen mir gespannt zu, in den Hosentaschen, schließlich finde ich den Zettel, ein kleines Papierknäuel, nein, es stimmt, da steht, aprire un conto, der junge Mann, vermutlich ein Abteilungsleiter, nickt, si, si, dann beginnen die beiden wieder zu diskutieren, wiegen bedenklich die Köpfe, der Abteilungsleiter kratzt sich das Kinn, der ältere Mann bohrt sich mit dem Zeigefinger im Ohr, sie reden wieder, ich versuche schon gar nicht mehr, den Sinn zu erfassen, es ist, als würde dort über meinen weiteren Lebenslauf beraten. Am liebsten würde ich alles ungeschehen machen, mich rausschleichen, aber wenn ich mich bewege, lächeln sie mir sogleich zu. Ich versuche, nochmals darauf hinzuweisen, daß es sich lediglich um die Eröffnung eines Kontos handle, solamente, sage ich schüchtern. Si, sagt der junge Mann beruhigend, si, dann greift er zum Telefonhörer. Il Direttore Sandrine, per favore, sagt er in den Hörer. Um Gotteswillen, was hatte ich da losgetreten, welche nicht aufklärbare Verwechs-

lung lag da vor, wie konnte man das stoppen, ein Mißverständnis, ein peinlich-peinigendes Mißverständnis, ich hatte als Beruf ja scrittore angegeben, womöglich halten die mich, wenn sie tedesco und scrittore hören, für eine Art Goethe, dessen Denkmal, umlagert von den Hauptgestalten seines Werks, ich gerade auf dem Hinweg in der Villa Borghese gesehen hatte.
Solamente un conto, sage ich abermals. Si, sagt der junge Mann, der ältere Herr nimmt von mir Abschied, als sei ich sein Sohn, und als wär's für immer.
Der Abteilungsleiter gibt mir ein Zeichen, ihm zu folgen, er führt mich eine mit einem dicken blauen Teppich belegte Treppe hoch, oben auf Konsolen chinesische Vasen, ein Vorzimmer mit einer freundlichen älteren Dame, ein zweites Zimmer mit einem jungen Assistenten, dann ein gewaltiger Raum, Teppiche, ein mit Holz getäfelter Büroraum, Ledersessel, an den Wänden Ölbilder, römische Veduten. Der Direktor, ein älterer Herr, springt regelrecht auf, als habe er schon lange auf meinen Besuch gewartet, schüttelt mir die Hand, er spricht Deutsch und das fließend, hat mehrere Jahre in Frankfurt in einer Bank gearbeitet, endlich jemand, dem man alles erklären kann, wahrscheinlich wird ein anderer hier erwartet, womöglich der Chef der Devisen-Abteilung der Deutschen Bank.
Entschuldigung, sage ich, ein Mißverständnis, ich wollte nur ein Konto eröffnen, nichts weiter, nur ein Konto, um mir Geld überweisen zu lassen und vom Konto Geld überweisen zu können. Er lächelt mild, er klärt mich auf: Ein Konto, von dem aus man Zahlungen vornehmen kann, zu eröffnen, sei in Italien so ziemlich die schwierigste Sache der Welt. Es gebe ja eine Devisenbewirtschaftung, man dürfe als Italiener nur eine Summe von, wenn

ich recht verstehe, 3 Millionen Lire ausführen. Man mache sich strafbar. Also könnten auch Ausländer nicht einfach ein Konto eröffnen, wegen der Gefahr von Devisenschiebungen.
Oh, sage ich.
Er denkt angestrengt nach. Wir müssen sehen, wie wir das machen, sagt er. Bestimmt werden wir einen Weg finden. Er lächelt, ja, sagt er, wir haben das Banksystem erfunden, aber jetzt, er läßt müde die Hand fallen. Sie merken es ja, wenn Sie Ihre Schecks umtauschen wollen. Mindestens zwei Leute sind damit beschäftigt. Einen Kaffee? Nein, danke. Er gibt mir seine Visitenkarte, Stahlstich, dott, dott. Ich nehme mir wieder einmal vor, Visitenkarten drucken zu lassen, und zwar mit dem Dr. drauf.
Er fragt, ob ich verheiratet sei, Kinder habe. Seine Tochter ist ebenfalls auf der Deutschen Schule. Er ist im Förderverein der Deutschen Schule. Wir werden uns bestimmt auf dem Schulfest sehen. Inzwischen will er sich etwas einfallen lassen, wie ich zu einem Konto komme. Man wird eine Lösung finden. Er bringt mich zur Tür, gibt mir die Hand.
Der Abteilungsleiter führt mich durch die Gänge, zum Fahrstuhl, durch die Schalterhalle und verabschiedet sich am Haupteingang. Auguri. Ich stolpere die Marmortreppen hinunter. Genaugenommen, denke ich, brauche ich doch gar kein Konto. Ich werde eben alles bar zahlen, Miete, Gas, Elektrizität, etwas umständlich wird das sein, aber nicht so umständlich wie die Eröffnung eines Kontos. Wie leicht so etwas in der Bundesrepublik ist. Aber hätte ich bei dem Versuch, ein Konto zu eröffnen, je den Präsidenten der Deutschen Bank kennengelernt?

Erkundungen I

Waren erstmals in der Villa Massimo. Ein großer, von einer Mauer umgebener Park, in dem die deutschen Künstler wohnen. Die Mauer ist mit einer dicken Stacheldrahtrolle bekrönt. An der Mauer ein Graffiti: Deutsche Dichter- und Künstlerklause. Wir versuchten, in das Gelände hineinzukommen, aber an dem Pförtnerhaus öffnete niemand die Tür. Nicht einmal das kleine Sichtfenster ging auf. Wir standen herum, überlegten, wie wir einen Kassiber hineinschmuggeln könnten, denn drinnen erwartete uns Roland Lang. Dann kommt ein älterer Italiener, sagt, daß sonntags die Pforte immer geschlossen sei, werktags auch mittags, und natürlich abends. Er läßt uns ausnahmsweise herein, in diesen Park, dieses wunderschöne mit Palmen, Zypressen und Pinien bestandene Gelände, auf das wir voller Neid sehen. Warmes Wasser, funktionierende Toiletten, große Räume, Putzfrauen, Gärtner, Handwerker, die jeden Schaden sogleich beheben, Waschmaschinen. Die Kinder der Stipendiaten spielen im Park. Wir sprechen mit einem Architektenehepaar, das gerade seinen übergroßen Citroën entlädt, sehen einen Maler, der hauptsächlich Kachelbilder malt. Es heißt, der male die, weil er als Kind einer Kinderlähmung wegen täglich im Hallenbad schwimmen mußte. Ein Komponist, der wie Schubert aussieht und seinen blondgelockten Sohn Amadeus genannt hat, noch zwei Maler. Einige klagen, daß sie nicht recht zur Arbeit kommen, alle sind da, weil sie das Stipendium haben, sie könnten aber auch nicht da sein. Einige wollten gar nicht da sein, sind es aber, weil sie sonst kein Stipendium bekämen.
Auf dem knirschenden Gartenkies kommen uns entgegen: die Schriftsteller Dittberner und Lang und der Maler

Kaminski. Dittberner, nach seinem niedersächsischen Wohnort der Tiger von Echte genannt, in einem weißen Anzug, einen hellen Hut auf dem Kopf. Er sieht aus wie ein brasilianischer Zuckerrohrpflanzer, Lang in seinen derben, für jede transsylvanische Überquerung geeigneten Stiefeln, Kaminski in überweiten Hosen, so streifen sie hungrig wie die Wölfe durch die Stadt, auf der Suche nach Frauen. Sprechen aber kein Italienisch, und es bleibt bei den Blicken und der stillen Zwiesprache mit den antiken Ruinen.

Stellt man das Fernsehen an, quillt aus allen 10 Kanälen serienweise amerikanische Kulturscheiße. Ein Schweizer Au-pair-Mädchen erzählte, daß der Junge, den sie betreuen muß und der gerade auf unseren kleinen und schon am Boden liegenden Tobias eingetreten hat, jede Nacht gegen elf vor dem Fernsehschirm, auf dem gerade jemand erschossen, erschlagen, vergewaltigt wird, einschläft.

Endlich, nach Jahren, kein Telefonklingeln mehr. Dafür ein beständiges Suchen nach Gettonis, Telefonmünzen, die man nach einem vorsintflutlichen System in den Apparat werfen muß, will man nach Deutschland telefonieren.
Die Gettoni, die für Ortsgespräche gedacht sind, kann man gar nicht so schnell in den Schlitz stecken, wie sie durchlaufen. Eine Faust voller Gettonis, sucht man eine Zelle, deren Kabel nicht zerschnitten, wo der Hörer nicht zertrümmert, der Münzspeicher nicht aufgebrochen ist, deren Klapptür einem, paßt man nicht auf, beim Betreten und Verlassen ins Gesäß schlägt, aber dann ertönt das Besetztzeichen, hat man die Vorwahl von Deutschland ge-

wählt. Am Sonntagmorgen gehen wir zur Hauptpost, dort gibt es Gettonis und Telefonkabinen.
Später sitzen wir in einem zu dieser Zeit noch leeren Straßencafé, gegenüber der eingerüsteten Marc-Aurel-Säule. Darüber ein Himmel graublau, und nur nach Norden und insbesondere hinter den ockerfarbenen Fassaden, den gelbbraunen Dächern, in ein dunkleres und doch leuchtendes Blau übergehend.
Die Kinder haben sich Eis bestellt, D. ist mit ihnen zur Toilette gegangen. Eine schöne durchsonnte Stille. Der Heiligenschein von Paulus glänzt in der Sonne.
Eine Frau kommt an den Tisch. Sie trägt in ein Tuch eingebunden einen Säugling vor der Brust. Sie hält mir die Hand vor die Augen.
No, sage ich und greife mir die Handtasche, die D. auf dem Tisch hat stehen lassen, frage mich zugleich, ob ich die Frau damit nicht beleidige. Die Frau hält mir die Hand unter die Nase.
No!
Sie starrt mich an. Leckt sich langsam die Handfläche und fährt mir mit der Hand über das Herz. Sie murmelt etwas. Und ein kindlicher Schreck durchfährt mich: Die verwünscht dich. Ich schlage ihre Hand beiseite. Sie schreit. Zwei weitere Frauen tauchen auf. Eine drückt mich in den Sessel, in dem ich so bequem sitze, daß ich nicht hochkomme, während die dritte mir die Hemdtasche aufrupft.
Ich habe wie Hermann der Cherusker gekämpft, habe die Handtasche und die linke Hemdtasche verteidigt, denn darin steckte unser Bargeld, die Banknoten. Denen galt dieser Beschwörungsgriff.
D. kommt mit den Kindern von der Toilette zurück, verwundert, weil ich so zerzaust dastehe. Ich reiche ihr stolz

die Handtasche. Sie findet meinen Heroismus etwas komisch.
Natürlich, denke ich verbittert, werden die zu Hause, wenn ich das erzähle, glauben, es sei eine Übertreibung. Fünf Tage in Rom und gleich von drei Frauen überfallen.
Wir gehen über den jetzt noch menschenleeren Corso. Ich sehe mich in den Spiegeln der Geschäfte: ein Tourist, ein Deutscher, der ein Khakihemd trägt, als sei er auf einer Safari in der Kalahari. Ich kann mich nicht kleiner und dunkler machen, aber ich werde mir italienische Hemden, Schuhe und Hosen kaufen.

Jede Nacht, pünktlich um 23 Uhr 15, hören wir von der Straße ein langsam näherkommendes Hecheln, Knurren, Fauchen, Kreischen, ein röhrendes Bellen, das in ein gurgelndes Hecheln übergeht.
Zwei gewaltige Deutsche Doggen, schwarz-weiß gefleckt, werden von einem Mann an langen Leinen ausgeführt. Sie jagen die Katzen, die sich unter die geparkten Autos verkriechen. Und jedesmal wieder wird der Mann von den Tieren fortgerissen.

Wachte auf, entsetzt, in einer bodenlosen Angst. Ich kann mich aber an keinen Traum erinnern. Liege im Dunklen und lausche. Eine schwarze Stille. Eine leise Bewegung, die Sprungfedern quietschen. Ich stehe auf, gehe ins Bad, pinkle, trinke etwas Wasser, das seit einigen Tagen stark nach Chlor schmeckt. D. schläft, auch die Kinder. Ich lege mich ins Bett. Ein metallenes Kreischen. Ich liege wie in einer Hängematte. Im Kloset läuft schlürfend Wasser nach. Auf was haben wir uns da eingelassen? Eine Stadt, in der wir niemanden kennen. Eine fremde Sprache. Keine regelmäßigen Einkünfte mehr. In zwei

Monaten das dritte Kind. Ein unverschämt teurer deutscher Kindergarten, vollgestopft mit den Kindern italienischer Bankdirektoren und deutscher Diplomaten. Ich liege in einem Bett, durch dessen hölzerne Jugendstil-Trallen ich, will ich mich ausstrecken, vorsichtig die Füße schieben muß. Liege dann aber wie in einem Block gefangen. Kreuzschmerzen von der Hängelage. Möbel, die man sich nie freiwillig ins Zimmer stellen würde. In München stehen unsere bequemen Sessel, Sofas, Stühle, und, ach, die Federkernmatratzen, der ganze vertraute Krimskrams, der sich in den Jahren angesammelt hat: Bilder, Drucke, Porzellan, Scrimshaws, unser komischer Heiliger mit dem Wunderbuschzweig in der Hand. Das alles steht verstreut auf zwei Dachböden, in einem Möbellager und in einem Zimmer unserer alten Wohnung. Zuletzt, in München, konnte ich es nicht mehr abwarten, endlich weg und hierher zu kommen.

Nachmittags in der Villa Ada, im Schatten einer Pinie. Du – das Haar zum Pferdeschwanz gebunden, sehe ich diesen kleinen geröteten Fleck am Nacken, zartes Muttermal, ein Liebesbiß – erzählst von Cortazars Theorie der Cronopien, der Typus des lustvoll spielerischen Querdenkers, Explorateur des abenteuerlichen Alltags, des freundlich Obsessiven, im Gegensatz zu dem die Sinne wie Buchsbaum beschneidenden Famen, dem deduktiv Umtriebigen, der etwas zutiefst Untierhaftes hat. Um uns fallen die Pinienzapfen wie kleine Granaten. Plötzlich stürmen aus dem Gebüsch zwei Mohikaner, schwingen ihre Speere. Sie wollen endlich gehen und das ihnen versprochene Eis essen.

Zum 1. Mal

46 im Winter, zum ersten Mal eine Apfelsine in der Hand, beiße hinein wie in einen Apfel, da lacht der Vater: Haha, sah immer die Italiener laufen, die Hasenfüße, damals, 42 in der Cyrenaica, der Tommy griff an, sah man sofort, wo der Italiener war, an den Staubwolken, dagegen Hauptmann Marseille, der Stern von Afrika, kam immer aus der Sonne, und dann rattatta, Badoglio (der Verräter), Ciano (immer molto amore), Mussolini (Cäsarenkinn), redete, aber wie, unverbrüchliche Kamerrradschfft, die Fäuste in der Hüfte, wollte die Italiener schneefest machen, darum Bolzano und Merano, aber Südtirol ist und bleibt, in der Milchbar, morgens in Mölln, die Räder, Schlafsack, Zelt, das Kochgeschirr, vom Vater, schon bei Petsamo und Tobruk, jedes Land eine Beule, essen Milchreis mit Zucker und Zimt, da hebt sich der Plattenarm, steig in die Gondel der Liebe, an der Wand, Markusdom mit Gondel davor, mein lieber Schwan, die Italienerin, springt Dieter Borsche als Hermann Löns in den Fluß, rettet das verlaufene Lamm, singt Luise aus Bergamo von nebenan im Keller, o sole mio, Vater im Straßenbau, alle Brüder auf dem Bau, alles Katzelmacher, sagt Herr Kotte, nimmt sein Auge raus und putzt es am Kittel, aber der Vino, Luise hat ein Röckchen an, das reicht ihr bis zum Knie, und wenn sies etwas höher zieht, dann sieht man ihrn Pipi, roch am Finger, das roch, das roch, ich weiß nicht wie, legen Leimruten, die kleinen Singvögel, in der Hamburger Kunsthalle der Geruch nach Bohnerwachs, Masaccios Zinsgroschen, Tschuldigung, sagt Doktor Linnenkamp und rückt das Dia gerade, das Neue, das Auge, die Tiefe, der Körper, der Fluchtpunkt, und plötzlich werfen die Körper Schat-

ten, da ist das erste Lächeln, Giotto oder Cimabue, wenn bei Capri die rote Sonne im Meer versinkt, singe ich und scheure die Klosettschüsseln der Werkstatt, Urinstein und der Marmor aus Carrara, Michelangelo meißelt und meißelt, dann der Vorschlaghammer, und zack ist der David hin, oder wer oder was war's, der neue Mensch, der Mensch ist ein Vieh, sagt der Werkmeister, Herr Jäkkel, der nie da unten war, Sonne, Wasser, blauer Himmel, aber klauen wie die Raben, Papagallis, Spaghettifresser, das erste Mal Spaghetti gegessen mit 21, von Maggi. Tomatensoße und Käse lagen in Päckchen dabei, so was, Käse auf den Nudeln, sagt meine Mutter, kennst du das Land, wo die Zitronen blüh'n, Parmesan, was für ein Wort, und Broccoli, die enormen Titten der Sofia Loren, Mann in der Tonne, es soll dir die Hand verdorren, sprach Moses und schüttelte die Palme, den ersten Cappuccino in London, schmeckte wie das Wort, Soho, Soho, sagte Ziegler immer, naja, Schwamm drüber, dann, so 58/59, in Othmarschen, Filmkunst-Theater, gleich dreimal: Rom, offene Stadt ...

Erkundungen II

Morte ai Rossi! Al Crematorio i Communisti! Morte al Sistema! Jude kaputt! Dux vive! Heil Hitler! Heil Himmler!
Die Hausmauern in unserem Viertel sind voll von diesen schwarz gesprühten Sprüchen. Das Viertel gilt als Hochburg der römischen Faschisten.
In der Nähe, an der Nomentana, liegt im Park Torlonia die ehemalige Stadtvilla Mussolinis. Ein zweigeschossiger Bau im klassizistischen Stil. An den vier Ecken der Villa

kleine tempelartige Vorbauten, von wuchtigen dorischen Säulen getragen. Die Stukkatur ist aus der Decke gebrochen, das Parkett herausgerissen, die Fensterscheiben zerschlagen und zerschossen, das großkotzige Vestibül vollgeschissen. Im Park stehen die Häuser, in denen früher das Personal wohnte, die Gäste, die Wachsoldaten. Eine Mixtur verschiedener Epochen, byzantinische Säulen, maurische Portale in Lübecker Backsteingotik, lupenreiner Camp, die Glyptothek mit den Gipsnachgüssen all dieser Heroen, Götter mit hervorquellenden Muskeln, ein Tempel als Treibhaus, gußeiserne Fenster, Garagen im Renaissance-Stil, alles ins Bombastische mutiert, ein luxurierender architektonischer Bastard, und am Rand des Sportplatzes, in dem ein paar Pinien wachsen steht ein in Zement gegossenes Mittelalter: zwei gewaltige Turnierzelte. Hier auf dem Sportplatz hatte sich Mussolini vorturnen lassen, turnte selbst, focht, lief, rang, ritt aus, hier, wo jetzt die Jogger laufen, Mütter ihre Kinder in hochrädrigen Wagen schieben, Kinder fliegendes Pferd spielen, Liebespaare ineinander verknotet auf den Bänken sitzen, andere hinter den Gebüschen liegen und – man weiß nicht wie – durch all die Hosen und Röcke hindurch und fast unbeweglich ficken. Ein Mann kommt, schwarz der Bart, die Haare, um die Schultern einen schwarzen langen Umhang, Orden auf der Brust, redet, redet, ruft: I Communisti sono la morte di Roma. Romulus mortuus est. Romulus mortuus est. Er spuckt aus, setzt sich eine schwarze Pudelmütze auf den Kopf, zieht sie über das Gesicht und kommt den Weg entlang, schwarz, gesichtslos, und doch weicht er einem auf dem Weg spielenden Jungen aus.

In den Buchhandlungen liegen stapelweise Mussolini-Biographien: Mussolini beim Dauerlauf, Mussolini von jungen Frauen umringt, Mussolini mit freiem Oberkörper beim Degenfechten, beim Paradelauf der Bersaglieri, (Nulla resiste al Bersagliere, steht auf dem Denkmal an der Porta Pia), Mussolini mit seiner Frau, seinen Kindern, seiner Geliebten, mit Hitler und Himmler. Und das letzte Foto von ihm: an den Füßen wie ein Schwein an einem Tankstellendach aufgehängt. Ciano soll nach dem Abessinien-Krieg zu Mussolini gesagt haben: Duce, Ihnen liegt bald der Himmel zu Füßen.

Die Quästur. Das Amt, in dem man sich anmelden, die Aufenthaltserlaubnis holen muß. Vorgestern waren wir dort, da war das Amt geschlossen, obwohl es laut Schild geöffnet sein sollte. Gestern waren wir dort, hatten uns an eine lange Menschenschlange angeschlossen, eine Stunde gestanden, da wurde das Amt vorzeitig geschlossen. Herr Milite kam an seiner Krücke in die Wohnung, sah D. mit seinen Leckaugen an und wollte von mir die polizeiliche Anmeldung sehen. Drängte, er müsse sie haben, morgen schon, mißtrauisch, sagte, ich müsse darüber hinaus mich beim Kommissariat anmelden, schrieb mir den Namen eines Mannes auf. Heute morgen sind wir wieder zur Quästur gegangen. Vor dem Eingang stehen zwei Polizisten in schußsicheren Westen, Maschinenpistolen umgehängt, den Finger am Abzug. Gestern ist ein Polizist von Rechtsradikalen auf der Straße erschossen worden. Zwei Stunden stehen wir in der Schlange, dann kommt ein Polizist und hängt ein Schild raus. Das Amt ist heute geschlossen. Niemand kann uns sagen, warum es geschlossen wird. Der Polizist zuckt nur die Schultern. Die Leute, allesamt Ausländer, reden er-

regt durcheinander, gehen dann auseinander. Die Kinder sind vom Stehen erschöpft und quengeln. D. setzt sich mit ihnen in ein Café. Ich gehe nochmals zur Quästur, um mir die Öffnungszeiten für den nächsten Tag aufzuschreiben. Die Schlange vor dem Eingang ist weg, auch das Schild. Ich frage einen Polizisten, ob das Amt geöffnet habe: Si, naturalmente. Ich laufe zurück, D. und die Kinder kommen, wir stürmen in das Gebäude, die Treppe hoch, wir haben es geschafft, wir sind drin. Aber welch ein Gedränge, die Menschen stehen die Treppe hoch, die Korridore entlang, in einem Raum, den wir nach gut zwei Stunden Stehen erreicht haben. Ein großer mächtiger Raum, in dessen äußerster Ecke an einem Tisch ein Beamter sitzt, der von den Herandrängenden immer wieder samt Tisch an die Wand gedrückt wird. Der Mann steht hin und wieder auf, unrasiert, übermüdet, als würde er schon seit drei Tagen und Nächten hier belagert, und versucht, den Tisch nach vorn, gegen die quetschende Menge zu schieben, um wieder etwas Luft zu kriegen. Das redet englisch, schwedisch, japanisch, hebräisch, arabisch, durcheinander, ein babylonisches Sprachengewirr. Neben mir steht eine ältere Frau, eine amerikanische Jüdin, die es very strange fand, daß man sie in München mit einem herzlichen Grüßgott begrüßte, und als ich entschuldigend sage, ich sei in Hamburg geboren, ruft eine ältere Dame hinter mir: Hummel, Hummel.
Was soll man darauf sagen? Ich sehe in das erwartungsvolle Gesicht der alten Frau und antworte mit diesem verbürgt idiotischen: Mors, Mors, denn Hummel war ein Idiot. Die Frau ist, wie sie erzählt, vor vierzig Jahren aus dem Hamburger Stadtteil Eimsbüttel auf der Flucht vor den Nazis nach Rom gekommen. Hier hielt sie sich versteckt, bis die Amerikaner kamen. Die deutsche Endlö-

sung wurde 1943 auf italienische Weise unterlaufen, durch Schlampigkeit, durch spontane gegenseitige Hilfe, Priester, Bürger, Arbeiter, Kommunisten, Christdemokraten, Monarchisten, sogar Faschisten versteckten italienische und deutsche Juden.
Wir haben endlich den übernächtigten Beamten hinter seinem Tisch erreicht, legen unsere ausgefüllten Bögen vor. Er blättert darin herum, hebt die Augen, erfüllt von einer melancholischen Trauer. Eine Steuermarke fehlt. Was fehlt? Eine Steuermarke. Die muß man zuvor kaufen. Und wo? Draußen, in einem dieser Tabacchi-Läden. Nein. D. bringt ihren Bauch in Position. Wir schieben die Kinder vor. Unmöglich, das alles nochmal zu machen, die Schlange draußen die Treppe rauf, die Korridore, dieser Raum, nur wegen einer idiotischen Steuermarke. Der Mann sieht auf die verschwitzten Kinder. Er nickt. Er gibt uns die Bestätigung. Und die fehlenden Marken? Irgendwie wird's gehen.
Grüßen Sie mir Eimsbüttel, die Osterstraße, sagt die Frau.

Wir wohnten 1948 im Schulweg, Ecke Osterstraße. Unten im Haus war das Ledergeschäft Israel. An einem Sonntag waren die sonst leeren, allenfalls mit zwei Pappkoffern dekorierten Schaufenster voll: jede Menge Taschen, Koffer, Schulranzen aus Leder. Das war die Währungsreform. Nur gegen D-Mark, stand auf einem Schild. Die Leute standen und staunten. Wir auch. 1933 hatten sie, wie meine Mutter erzählte, große Schilder an den Schaufensterscheiben mit der Aufschrift: Achtung! Trotz des Namens, der Besitzer ist rein arisch! Ihr Leder-Israel.

Erkundungen III

Die Tiburtina, die östliche Ausfallstraße Roms. Wohnblöcke: zehnstöckig, dreckig-graue Neubauruinen. An den Hauswänden: Hammer und Sichel der PCI, rot an die Wände gesprayt der jeweils letzte Stand der Inflationsrate und die Zahl der Arbeitslosen. November 1981: 2 Millionen Arbeitslose. 19 % Inflation. Zwischen den Wohnblocks kleine sandige Flächen, über die der Wind Plastikmüll und Zeitungsfetzen treibt. Sonntagnachmittag. Kinder spielen Fußball. Auf den Balkonen sitzen Männer in Unterhemden. Sie haben die Fernseher rausgestellt, voll aufgedreht die Übertragung des Spiels Lazio gegen Roma, die beiden Vereine, die Rom teilen, Lazio, der ärmere, Roma, der reichere Verein.
Ein Junge ist hingefallen, humpelt zur Seite und kratzt sich mit dem Nagel den Dreck aus dem aufgeschürften Knie. Ein Schrei von der Häuserfront. Es ist ein Tor gefallen, für Lazio.

Wir hielten das für eines der typischen Rom-Klischees, die Geschichten von den Diebstählen und Raubüberfällen. Nach einer Woche war uns der Wagen aufgebrochen und das Radio samt Lautsprecher geklaut worden. In derselben Woche versuchten mir drei Frauen das Geld aus der Hemdtasche zu ziehen, und eine Woche später wurden uns ein Mantel und zwei Pullover aus dem abgeschlossenen Kofferraum gestohlen, in Ostia, an der Straße, die am Strand entlangführt, der jetzt menschenleer liegt und wie eine Müllhalde aussieht. Wir haben sogar den Dieb gesehen, als wir vom Strand zurückkamen. Er startete gerade seinen Alfa Romeo. Allerdings sah er so aus, daß ich ihn, auch wenn ich den Diebstahl sogleich bemerkt hätte, nicht nach dem Verbleib des Mantels hätte fragen mögen.

Was hast du nur mit diesen Itakern am Hut, fragte mich Stapelfeld, der Kürschnergeselle, der mich anlernen sollte. Sortierte er Felle, gab er ein kurzes, gaumiges Schnauben von sich, als spucke er Wasser aus. Er war Leutnant bei der Kriegsmarine gewesen, bevor er 45 Kürschner wurde. Sein Minensuchboot war in Norwegen torpediert worden, und er war als einziger aus dem Wasser, das nur wenige Grade über Null hatte, gerettet worden. Davon erzählte er beim Zwecken oder Einschneiden der Felle: Geleitfahrten, Feuerleitzentralen, Überwasserangriffe. Und – detailgetreu – von all den Frauen, die er, wie er sagte, aufs Kreuz gelegt hatte. Ging er durch die Werkstatt, tuschelten die Näherinnen. Jedes Jahr fuhr er nach Italien, drei Wochen, mit seiner BMW 500 (BMW fährt nie Schnee), und jedes Jahr eine neue Freundin im Beiwagen (Ladykiller).
Das Wetter, sagte er, einmalig, aber da wohnen, für immer, nee, also wirklich. Klauen wie die Raben. Und dann die Schmachtbolzen. Drehst dich einmal um, zack, haben sie schon die Pfoten an deiner Frau. Aber die Frauen sind auch nicht ohne, denkste, ganz züchtig und so, das Gegenteil, damals in La Spezia, 44, im Frühjahr, bei einer Schnellboot-Einheit, also bevor ich nach Norwegen mußte, im Casino das Begrüßungsfest, die Frau vom Hafenkommandanten, ein italienischer Korvettenkapitän, ganz züchtig, und tiptop gebaut, obwohl sie vier Kinder hatte, stand da und machte immer solche Augen, dachte, guckt die immer so, oder meint die dich, wurd ganz heiß, dachte an den Mann, war ja mein Vorgesetzter sozusagen, sind doch alle eifersüchtig, hab sie angesprochen,

französisch, da war die schon mit der Hand zugange, im Garten, sagenhaft, sind die schärfsten Frauen, guck sie dir an, die Sofia und die Gina, unglaublich scharf, dagegen die Amerikanerinnen, die haben den Sex von Turnlehrerinnen, riechen nach Talkum.

Die gnostischen Rindenfelder

Im Park der Villa Borghese: Goethe mit Blick über Rom, die grünen Wolken der Pinien, unten, auf dem Denkmalsockel, Faust, Mephisto, Iphigenie und natürlich der Harfner aus dem Wilhelm Meister (Kennst du das Land usw.), alle in Marmor. Iphigenie mit dem Anarchozeichen auf der Brust, Faust mit einem Friedrich-Wilhelm-Bart, den Finger in einen Folianten geklemmt, ein Geschenk des deutschen Freundeskreises aus der Jahrhundertwende. Nicht weit entfernt, aber weit bescheidener, das Denkmal von Byron, in dessen Sockel Gedichte eingemeißelt sind. Das Karussell, das Hippodrom, der See mit den Kähnen, Wasserlinsen und Enten, die steile Asphaltschleife auf dem Pincio, wo die Rollschuhläufer unterwegs sind, darunter ein Mädchen, in einer knappen Turnhose. Mit einer rasanten Geschwindigkeit fährt sie, eine Weltmeisterin auf dieser Strecke, einen Slalom durch aufgestellte Bierdosen, vorwärts und rückwärts, die schwarzen langen Haare fliegen, Männer stehen da, starren auf diese langen braunen Beine, die in schnellen und doch ruhigen Bewegungen ausschwingen, sich kreuzen, dann wieder weit ausschwingen. In der Ferne brüllt ein Tiger aus dem traurigsten und dreckigsten Zoo der Welt. Weiter oben das Vogelhaus, das Casino, die Villa Borghese. Im Saal der Daphne: Apollo verfolgt in einem we-

henden Marmorgewand Daphne, noch flieht sie in einer wilden Bewegung, die Arme hochgeworfen, die Haare fliegen, und steht doch schon buchstäblich angewurzelt, aus ihren Fingern, den Haaren sprießen schon die Lorbeerblätter, aus ihren Zehen die Wurzeln, um ihren Leib schließt sich, vor der zugreifenden Hand Apollos, die Rinde des Lorbeerbaums, in den Zeus sie verwandelt hat. Und nichts, kein Foto, keine Zeichnung, kann diesen Eindruck auch nur annähernd wiedergeben.
Ein zu Stein gewordener Augenblick, sagt ein Deutscher, der Sandalen trägt und schwäbelt.
Eine italienische Schulklasse drängt herein. Qui si scopa, brüllt ein Junge, und macht das Fickzeichen.
Der Deutsche verläßt mit seiner Frau den Raum. Ein Junge kratzt, nein, bohrt mit dem Finger an der Statue. Ich muß mich zurückhalten, um nicht loszubrüllen: Non toccare, stronzo!
Die Lehrerin treibt die Kinder aus dem Saal. Allein – ein Wärter ist nicht zu sehen – beginne ich wie unter einem Zwang in diesem kleinen Loch am Sockel zu pulen, in dem schon so viele Finger gepult haben. Eigentümlich, wie weich, wie porös der Marmor ist, ist erst einmal die glatte Oberfläche durchbrochen, dieser Stein, der durch die Lichtdurchlässigkeit seiner Oberfläche, ähnlich der Haut, das Körperliche aufscheinen läßt.
Sicherlich ist richtig, was die deutsche Sandale gesagt hat, es ist der Augenblick, der zu Stein wurde. Zugleich zeigt die Skulptur, daß, wer Lust ohne Gegenlust sucht, nicht auf Offenheit und Empfindung, sondern nur auf eine »vegetative« Reaktion stößt, ein Fühlen ohne Gefühltwerden, er stößt auf Rinde. Dieses kleine Loch am Sockel aber deutet auf das Fühlen selbst, auf den Proleten unter den Sinnen, den Tastsinn, der in der phylogenetischen

Entwicklung sich für all die anderen Sinne und deren Kultivierung abarbeiten mußte, dabei zugleich aus Gründen der Sauberkeit (Faß das nicht an) und des Lustaufschubs (Fummel nicht) unterdrückt wurde. Für den es bezeichnenderweise keine künstlerische Befriedigung oder gar Weiterbildung gibt wie für die Brudersinne: dem Ohr die Musik, dem Auge die Malerei, der Zunge die Sprache, den Gesang und die Kochkunst. Dem Tasten wurde sogar noch die ihm gemäße Kunstform entzogen und dem allmächtigen Auge zuerkannt, die Skulptur. Will er sich ihr dennoch nähern, bekommt er etwas auf die Finger. So bleibt nur die heimliche Befriedigung, und bestimmte Details von Plastiken in den Museen sprechen trotz der Verbotsschilder durch ihre glänzende Abgegriffenheit von diesen geheimen Lüsten.
Wie diese Touristin, eine Amerikanerin, die hereinkommt und, während ihr Mann mit dem Blitzlichtgerät hantiert, sogleich den Fuß Daphnes befühlt, aus dessen Zehen gerade die Wurzeln in den Boden schießen.
Dieses Betasten reicht vielleicht noch aus archaischer Zeit herüber, der Glaube nämlich, daß etwas von dem Gegenstand, den man be-greift, auf uns selbst übergehe, ein lustvoll magisches Begreifen, für das der über die Jahrhunderte buchstäblich abgegriffene Fuß des sitzenden Petrus in der Peterskirche spricht, wobei jenem, den die Lust, diesen Fuß anzufassen, der wie eine goldene Zunge in den Raum zeigt, nicht überkommt, dies nicht seiner Aufgeklärtheit, sondern seiner taktilen Dumpfheit zuschreiben muß.
Der Ami blitzt, seine Frau lächelt. Dann entdeckt sie das Loch im Sockel, blickt kurz zu mir herüber, und schnell steckt sie den Finger in das Loch.
Der Tastsinn kann nur dann, wenn sein so bevorzugter

Brudersinn, das Auge, versagt, zeigen, was alles in ihm steckt. Er lernt buchstäblich lesen. Normalerweise aber unterfordert und stiefmütterlich behandelt, bleibt dieser Sinn der vergeßlichste unter allen Sinnen, und schon beim Versuch, seine Tast-Eindrücke zu beschreiben, fehlen einem die Worte, ein bißchen warm und kalt, rauh, glatt, und schon beim rillig, körnig, borkig, schorfig ist wieder das Auge mit im Spiel. Und es ist nicht weiter verwunderlich, daß es in der Bundesrepublik viele wissenschaftliche Institute gibt, die sich mit dem Phänomen der Optik beschäftigen, einige mit der Akustik, aber nur eins, das den Tastsinn erforscht. Entsprechend ist auch die militärische Forschung ganz auf die Optik ausgerichtet. Der Tastsinn ist für die moderne Rüstungstechnologie ein Atavismus. Den Feind in die Finger kriegen zu wollen, reicht in die Urzeit zurück, gilt heute allenfalls noch für Kneipenschlägereien. Nicht zufällig sind die Sportarten des Auges die »aristokratischen«: das Fechten und Schießen, während die des Fassens, das Ringen, in Arbeitersportvereinen betrieben wurden.

Der Tastsinn bleibt in friedlicher wie unfriedlicher Absicht in der dienenden Funktion des Auges, dessen Eindrücke will er, muß er nachvollziehen, wie Apollo, der Daphne, nachdem er sie beim Baden beobachtet hatte, nun auch »erfassen« will, damit durch die winzigen Verformungen der Haut an Hand und Fingern jene Erregung über die peripheren Nerven zum Rückenmark und von dort zur Großhirnrinde gelangt, wo sie in den gnostischen Rindenfeldern zu dem Erlebnis verarbeitet wird, das Apollo bewegt, das fliegende Haar, dies ebenmäßige Gesicht, die Schenkel, den kleinen Hintern, der von der Borke schon fast umschlossen ist, das kleine Grübchen oberhalb der Hüftrundung, die aufgerichteten festen

Brüste. Apoll greift nach dem Körper, um in ihn einzudringen, denn das ist dieses paradoxe Verlangen des Tastsinns, der die Körper nur äußerlich erfassen kann, aber dennoch in die Körper eindringen will, um sie »ganz« zu spüren, »außer-sich-geraten« will, weil eben dies, die erregende-erregte Verformung, seine Wahrnehmungsform ist. Und tatsächlich gerät er in der sexuellen Befriedigung außer sich – ein Rest schöner Wildnis. Eine Erfahrung, die aber, weil ekstatisch, sich nicht im Tastsinn aufheben läßt. So bleibt die Erinnerung, das zeigt Bernini, die Lust des Fühlens eilt immer hinter dem optischen Eindruck, dem »inneren Auge«, her – wie Apoll hinter der Nymphe. Aber der Tastsinn ist gedächtnislos, kein inneres Tasten »behält« die Körperformen. Die Lust des Fühlens wird immer wieder auf sich zurückverwiesen.

Ich finde es bezeichnend, daß, wie man mir erzählte, just in diesem Saal immer wieder ein Spanner auftaucht, der nicht etwa die durchdrängenden, meist leicht und manchmal fast unbekleideten Touristinnen im Auge hat, sondern, wie der Wärter versicherte, diese Skulptur, Daphne und Apollo, und der sich, hinter einer Konsole stehend, einen runterholt, ertappt, von Wärtern ergriffen und vor die Tür gesetzt wird. Unerfüllt in seinen Lüsten wie Apoll, auf sich selbst verwiesen.

So ist das kleine Loch im Sockel dieser Skulptur zu verstehen, Folge eines alltäglichen Gefummels, Protest unseres verkümmerten, unterdrückten Tastsinns, dieses Proletariers unter den Sinnen: eine kümmerliche Vorstellung von jenen ungeahnten Lüsten, die noch auf ihre Befreiung warten.

Es gibt nur gefährliche Situationen, keine gefährlichen Menschen. Basaglia

Wir hören sie in der Via Gradisca schon von weitem kommen, jeden Sonntag, am frühen Nachmittag. Ein Scheppern, Klirren, Klappern. Die Kinder stürzen zum Fenster. Unten in der Straße eine große grauhaarige Frau in einem ausgefransten, grauen Mantel. Tobias behauptet, sie sei eine Königin. Tatsächlich ist in ihrem Gang etwas Hochgemutes, so aufrecht und langsam geht sie die Straße entlang, hinter sich her zieht sie an einer langen Schnur einen großen Schlüsselbund und ein Hufeisen. Manchmal bleibt sie stehen, mustert eines der geparkten Autos, zieht an der Schnur das Hufeisen heran und schlägt damit die Windschutzscheibe ein. Dann geht sie ruhig weiter, die Straße hinunter, der Schlüsselbund, das Hufeisen scheppern auf dem Asphalt. Herumliegende Weinflaschen zerschlägt sie auf der Straße, überquellende und vor sich hinstinkende Abfalleimer zündet sie an. Die Plastikbehälter ziehen sich durch die Hitze in die Länge, bis sie weich von dem Metallring abfallen und als rotschwarzer Brei auf dem Pflaster schwelen. Die Frau macht das alles ruhig, ohne sich auch nur einmal umzusehen, mit einer fast priesterlichen Feierlichkeit.
Beim ersten Mal, als wir sie kommen hörten und sahen, wie sie eine Autoscheibe zertrümmerte, rannte ich hinunter, um den Wagen in Sicherheit zu bringen, denn die Scheibe war nach dem Radiodiebstahl gerade erneuert worden. Die Frau war aber an mir vorbeigegangen, ohne mich auch nur einmal anzusehen, wie ich dastand wie Heinrich IV., die Hand auf den Wagen gelegt. Jedesmal, wenn ich die Via Gradisca hinaufgehe – sie führt über einen kleinen Hügel – und wieder den Glasgrus zerschla-

gener Autoscheiben auf der Straße sehe, denke ich: Hoffentlich hat es diesmal nicht unser Auto erwischt. Sie könnte ja auch einmal an einem anderen Tag als am Sonntag kommen. In Deutschland hätten sich die Autobesitzer in den Straßen, durch die dieser Racheengel geht, längst zusammengerottet, um ihm aufzulauern und, wenn nötig, im Polizeigriff den Ordnungskräften zuzuführen. Hier bleibt alles ruhig. Vielleicht, weil die Leute wissen, daß es nichts hilft, denn die Frau gehört zu jenen psychisch Kranken, die sich, seit der Schließung aller psychiatrischen Kliniken in Italien, frei bewegen können. 1978 wurde, auf Betreiben des Psychiaters Basaglia, der eine »demokratische Psychiatrie« forderte, ein Gesetz erlassen, das es verbietet, psychisch Kranke in isolierte Stationen einzusperren.

Die Heilung dieser Krankheiten sei, so Basaglia, nicht in der Isolation der Psychiatrie, sondern nur dort möglich, wo diese Krankheiten ihren Ausgang genommen haben, in der Gesellschaft. Und tatsächlich, so liest man, sind – insbesondere in Kleinstädten und Dörfern, wohin die Kranken zurückkamen – ganz erstaunliche Erfolge der Integration, ja sogar der Heilung zu verzeichnen gewesen, überall dort, wo es Nachbarschaftshilfe und Großfamilien gab oder aber, wie in Triest, zahlreiche psychologisch ausgebildete Betreuer. In vielen Großstädten hingegen, wie hier in Rom, ist nach dem Tod Basaglias alles auf halbem Wege stecken geblieben. Es fehlt an Geld und an Personal, um die erforderlichen Ambulatorien aufzubauen, in denen sich die Patienten, die nicht in Familien oder Wohngemeinschaften aufgenommen wurden, Rat und Hilfe holen könnten. Man hat sie einfach auf die Straße gesetzt, da hocken sie jetzt, verdreckt, verstört, und decken sich mit Zeitungen und alten Stoffetzen zu.

Erkundungen IV

Lief morgens durch die Straßen. Die Platanen in der Regina Margherita haben innerhalb von zwei Tagen ihr Laub heruntergekippt. Man geht über einen gelbbraunen raschelnden Teppich. Große lappige Blätter, die langsam kleingetreten werden und die Mitte des Gehweges wie Feinschnitt-Tabak bedecken. Es ist kühl geworden, der Himmel wolkenlos blau. Das Licht läßt die Dinge scharf umrissen aus sich heraustreten. In einem Baum ein kreischendes schwarzes Getobe. Hin und wieder flattert ein Star auf, fällt aber sofort wieder wie ein Stein in den Baum. Plötzlich, explosionsartig, fliegen alle auf, eine dunkle Wolke, die über den Häusern kreist, sich auseinanderzieht und hinter der Villa Torlonia verschwindet.

Einer steht vor der Espressomaschine, in einer kurzen weißen Jacke, mit drei kräftigen Schlägen klopft er den Kaffeesatz aus dem Metallfilter, füllt Kaffee hinein, dreht ihn mit drei schnelleckigen Bewegungen in die Maschine, drückt dreimal den Hebel, der heiße Dampf schießt in die Kanne, aus fünf kleinen Hähnen tröpfelt es schwarz in die Tassen, er singt: There is a rainbow before me ...
Ein anderer zieht die Untertassen aus dem Trockner, läßt sie, wie in einem Western die Whiskygläser, über den spiegelnd verchromten Tresen schlidder. Hey man!
Jede Untertasse kommt genau vor den zu stehen, der den Kaffee bestellt hat, die Löffel zieht er aus einem Trockner und wirft sie mit einem Salto auf die Untertassen, dann, mit einem kühnen Schwung, aber ohne etwas überschwappen zu lassen, stellt er die vollen Tassen auf die Untertassen. Jeder Griff sitzt, die Lust an der Bewegung und der Geschwindigkeit. Eine Choreographie der

Espressozubereitung, jeden Tag zu besichtigen Via Po, Ecke Via Ofanto. Die Bar ist voll, jetzt gegen 10 kommen die Leute aus den umliegenden Büros und Geschäften, trinken Kaffee und reden. Die Frauen geschminkt und sorgfältig frisiert, die Männer in Anzügen, Jacketts, Lederflecken auf dem Ärmel, die Schuhe auf Hochglanz poliert. Ein Durcheinander von Stimmen, Rufen, Reden, Lachen, wie von der Choreographie der Espressozubereitung stimulierte Bewegungen: ein Fuchteln der Hände, der Arme, jemand zupft sich am Ohr, was schwul bedeutet, jemand schabt sich unter dem Kinn, sein Chef hängt ihm zum Hals raus, jemand bohrt sich in die Wange, es schmeckt, große Gesten, kleine, es geht zu wie auf einem Treffen von Taubstummen, aber so, als hätten sie plötzlich ihre Stimmen wiedergefunden und redeten jetzt viel zu laut und zu heftig. Sitz ruhig! Red nicht so laut! Zappel nicht! Hände auf den Tisch! Bücher unter die Arme geklemmt, damit man ruhig sitzt, Arme beim Essen zusammengebunden, damit man den Nachbarn nicht in die Seite stößt.
Was hat das für Kraft gekostet, damals, die Arme ruhig zu halten, die Hände, und gerade darum habe ich – und tue das noch immer – bei Tisch immer wieder Gläser und Tassen umgeworfen.

Ich hatte in München Italienisch gelernt. 8 Monate, jede Woche 4 Stunden. Als ich in Rom ankam, besaß ich die sprachliche Ausdrucksfähigkeit eines Vierjährigen.
Ging darum zusammen mit Lang, dem Stipendiaten der Villa Massimo, in einen Intensivkurs. Nach vierzehn Tagen hatte Lang keine Lust mehr, sagte, er fühle sich an seine Schulzeit erinnert. Tatsächlich waren da wieder die alten Schulängste, diese alberne Hoffnung, nicht vom

Lehrer aufgerufen zu werden, nicht nach vorn gehen zu müssen, um dort vor den anderen Schülern so unsinnige Sätze aus dem Gedächtnis aufzusagen: Devo stirare questa gonna, se no, che cosa mi metto? Und das alles im prestissimo gesprochen.

Vor mir saßen Frauen und Mädchen, die sich auf ihren Auftritt vorbereiteten und beim Memorieren die Lippen bewegten: eine französische Nonne, eine Koreanerin, Frau eines Botschaftsattachés, eine dröge Norwegerin, ebenfalls Frau eines Botschaftsfritzens, drei farblose Schwedinnen, die gerade ihr Abitur gemacht hatten, achtzehn Jahre alt, aber die Lebendigkeit von Greisinnen haben. Die bekamen beim Reden kaum die Zähne auseinander, aber was sie sagten, war stets richtig, sie hatten einfach die Sätze im Kopf. Ich hatte bis dahin immer geglaubt, ein besonders gutes Gedächtnis zu haben. Daß es anderen noch schlechter ging, war kein Trost. Ich hatte das deutliche Gefühl, zumindest zwischen diesen Achtzehnjährigen uralt zu sein. Je näher morgens die Schule kam, desto größer wurde mein Widerwille und mein Wunsch, einfach weiterzugehen und durch die Straßen Roms zu schlendern. Aber was sollte ich in dieser Stadt, wenn ich niemanden richtig verstehen und mich nicht ausdrücken konnte?

Abends fiel ich ins Bett, als hätte ich tagsüber Holz gehackt.

Träumte, wie ich durch eine mit Pinien bestandene Allee ging. Es folgten mir zwei große Hunde. Sie kamen langsam näher. Ich hörte ihr Hecheln, wagte mich aber nicht umzudrehen. Krampfhaft überlegte ich, was Pfui auf italienisch heißt. Währenddessen fuhr Roland Lang auf einer Draisine, die Segel hatte, vom Wind getrieben neben der Straße her. Er sagte, er sei erschöpft und müsse unbedingt seine Kräfte schonen. Er sagte das aber genuschelt auf italienisch und in rasender Geschwindigkeit. Er mußte es mir mehrmals wiederholen, bevor ich es verstand: Sono stanco e devo riposare. Ich sagte ihm, es sei eleganter, in diesem Fall den Konjunktiv zu benutzen. Er müßte nicht nuscheln und so rasend schnell sprechen, hätte er den Italienischkurs zu Ende gemacht. Plötzlich war wieder dieser Hund hinter mir. Ich drehte mich nicht um, wußte aber, es war eine der riesigen Doggen, die ihren Herrn an der Leine hinter sich herzogen.

Er hieß Schlosser, war Jurist und betrieb eine Latein-Presse. Ein gedrungener, massiger Mann, Anfang Dreißig, dessen rechtes Bein beim Gehen quietschte. Er trug eine Prothese, und ich fragte mich jedesmal, wenn er in den Raum kam, warum er die nicht ölte. Er gab Lateinunterricht mit der Garantie, Studenten in sechs Monaten zum großen Latinum zu führen, wie er es nannte. Abschluß-Prüfung an einem staatlichen Gymnasium, und zwar bei den Englischen Fräulein. Wer durchfiel, durfte den Kurs kostenlos wiederholen. Sechsmal in der Woche vier Stunden Latein. Nachmittags Uni, nachts Vokabeln und Grammatik pauken. Manchmal, wenn es ganz unerträglich wurde, blätterte ich in dem Lateinbuch jene Seite auf, die eine Abbildung von einem römischen Weizenschiff zeigte. Ein kleines, naives Wandbild aus dem 3. Jahrhundert. Ein Segelschiff mit Besatzung und einem Kornträger, der, über eine Planke gehend, einen Sack mit Weizen auf das Schiff trägt. Da war etwas von dem, was ich weder in der Grammatik noch in den Vokabeln finden konnte.
Heute habe ich das Bild im Vatikanischen Museum gesehen. Es war, als hätte ich mich jahrelang durch einen Berg graben müssen, um dieses kleine Bild sehen zu können.

Dreams are my reality ... singt eine Frauenstimme in allen Programmen. Es ist der Hit im Monat November. Zwischendurch flüstert, keucht eine andere Frauenstimme Werbeslogans, als sei sie kurz vor einem Orgasmus: Una sportiva Alfa Romeo ti fa vincere. Sempre. Keuch, keuch. Dreams are my reality ...

Dopo il Brennero

F. schickte ein Telegramm, solle dringend im Verlag anrufen. Rief an, F. ließ ausrichten, es sei nicht mehr wichtig. F., drei Verhältnisse balancierend, immer munter, Collegeschuhe, Jeans, vor Aktivitäten berstend, laut, den Raum, den er betritt, sogleich ausfüllend, Luftverdränger, aber dennoch nie greifbar, zu sprechen nur zwischen Tür und Angel, ständig auf der Flucht vor Telefonen, Autoren, Übersetzern, Frauen, aber voller Ideen und Pläne, sitzt manchmal hinter seinem Schreibtisch, überladen, ein Wirrwarr um sich, kann, durch einen jähen Schmerz im rechten Arm, die nächste Manuskriptseite nicht umblättern, diese ganz ungeheure Verspannung im Nacken, blickt hoch und glaubt, die Decke stürze auf ihn.

Verhältnisse: G., die ein Verhältnis mit M. hat, der mit R. verheiratet ist, die mit W. ein Verhältnis hat, von dem G. weiß, nicht aber M., so wie W. und R. nicht von dem Verhältnis von M. und G. wissen, G. weiß also noch am meisten. Trifft man G., erzählt sie von R. und W., wie rücksichtslos, wie gemein, wie hinterhältig die zwei sind, während R. und W. über M. klagen, dessen Dickfelligkeit, ja Rücksichtslosigkeit enorm sei, nur M. klagt nicht, weiß aber auch nicht, was sonst alle wissen, was ihn, da er sich weder über R. noch W. beschwert, überall zu einem gut gelittenen Gast macht.

Wiederholungen. Auch mit den drei, vier Freunden kam es immer wieder zu Gesprächen, deren Verlauf man schon im vornhinein kannte, man wußte, was der andere sagen wird, und was man nach diesem Gesagten, selbst sagen würde, und zwar bis in einzelne Formulierungen hinein. Sogar die eigenen Selbstgespräche wiederholten sich, die imaginären Adressaten waren dieselben. Sprachliche Schwundstufen. Meinungen und Ansichten auf Gesten reduziert. Langsam wurde, was einmal Irritation und Ärgernis war, zum beklagten Einverständnis. Der scheele Blick, triefnäsige Mißgunst. Fragten, wie geht's, in der Hoffnung, daß es einem nicht allzu gut gehe. Kauften sich klagend ihr Häuschen und tönten, wie andere zu leben hätten, bescheidener, versteht sich. Selbstgerecht, stets auf der Suche nach Gründen, die alles verkleinerten, stutzten sie sich so jeden und jedes auf ihr Format zurück. Keine Arbeitsschwierigkeit, keine kaputte Beziehung? Wiegten bedenklich das Haupt. Grübelten nach, wie kaputt eine Beziehung sein müsse, wenn sie nicht kaputt ist. Kamen kaum hoch mit ihrem Arsch aus dem häuslichen Sessel, aber redeten von radikalen Erfahrungen und Sich-dem-Leben aussetzen.

In München waren wir bei der G. zum Essen eingeladen und brachten unsere Kinder mit. Sie stutzte an der Wohnungstür, und man merkte, daß sie nur uns, nicht die Kinder, mit der Einladung gemeint hatte. Die G. sammelt alte Spielzeugautos. Wie sie innerlich verdreht dasaß, als die Kinder anfingen, mit den überall und gut erreichbar

herumstehenden Spielzeugautos zu spielen. Und als sie dann auch noch an den altertümlichen Flügelschrauben drehten, um die Autos aufzuziehen, da hielt es sie nicht mehr, und sie stellte ganz beiläufig die Autos, die teuer bezahlten, hoch.
Diese ganz selbstverständliche Kinderfeindlichkeit, die sich auch bei vielen Linken zeigt, in ganz alltäglichen Dingen, in der Form der Einrichtung, der Nichtbeachtung der Kinder, in einer zur Schau gestellten Unduldsamkeit, die sich mit psychologisch-pädagogischen Kenntnissen tarnt, einer Besserwisserei, was Kindern gut tut und was nicht.
Die G. klagt, daß man nicht einfach mal vorbeikommt. Sie setzt dabei voraus, daß man ohne Kinder kommt. Allein sitzt sie mit ihren Spielzeugautos in ihrer durchgestylten Wohnung und wundert sich, daß ihr die Decke auf den Kopf fällt.

Ohne Alkohol, ohne Speed und ohne Tranquilizer kann man heute keine Literatur mehr schreiben, sagt M. ziemlich blau auf der Frankfurter Buchmesse, erzählt, wer für wen die Beine breitgemacht hatte, sagts und pißt einen Verlagsstand an.
Ein Männlein kommt, hängt an der Schulter eines blonden Weibs mit starrem Facelifting-Lächeln, gibt die Hand und sagt, ich bin Fritzchen, geht weiter, angeschikkert. Die Trüffelschweine, sagt M., da laufen sie nun von Stand zu Stand, immer auf der Suche, immer hechelnd. Haben jetzt das junge neue Genie entdeckt.
Ach was, tatsächlich, sage ich. Und hatte dieses Bild vor Augen: Als Junge bin ich einmal auf einem Pferdewagen zur Insel Neuwerk gefahren. Die Pferde gingen – wir hatten uns verspätet – durch die langsam steigende Flut, und

schon mußte ich in den Prielen die Beine anziehen, sah, wie die Säcke mit den Brotlaiben naß wurden, ringsum ein Grün, kaum bewegt, bis zum Grau des Horizonts. Vor mir saß der Bauer und weinte leise. Erst als die Pferde die Insel erreicht hatten und aus dem Wasser stiegen, ließ er die Peitsche knallen, brachte die Pferde in Trab. Hielt vor einem Haus, wischte sich mit dem Handrücken die Augen und ließ mich absteigen, ohne ein Wort zu sagen. Ich stand da, stumm, und hatte mich nicht einmal bedankt.
Meine Absenzen wurden nicht bemerkt. M. redete noch immer. Aber nicht mit mir, nicht einmal mit sich, das redete einfach.

Die Jagd, ach, die wilde Jagd nach dem Leben

Der Wunsch, daß hier noch einmal alles deutlicher, schärfer und genauer werde.

Waren morgens in der Markthalle am Corso Trieste. Über dem Eingang die Wölfin mit Romulus und Remus an den Zitzen. Die Kinder sehen zu, wie einem gerupften Huhn die gelben Beine abgehackt werden, dann der Kopf. Tobias: Jetzt wird ihm das Gesicht abgeschnitten. Bettina: Hat es geweint? Danach wird die faltige, dickporige Haut über den Hals gezogen. Während der Mann in seiner blutverschmierten Schürze Magen und Leber aus dem Huhn schneidet, denke ich, daß die Kinder das Huhn nicht mehr essen mögen.
Seit meiner Kindheit habe ich nicht mehr zugesehen, wie ein Huhn ausgenommen wird, wie ihm Kopf und Füße abgetrennt werden. Vertraut waren mir die Hähnchen

aus der Tiefkühltruhe im Supermarkt, die wie kalte Steine in der Hand liegen. In einem kleinen Plastikbeutel kann man Herz, Leber und Magen aus dem Hähnchen ziehen. Abends aßen wir das Huhn (alla portoghesa) alle mit großem Genuß.

Als wir im September in die Wohnung einzogen, wuchsen uns die reifen Feigen zu den Fenstern herein.
Jetzt, Ende November, trägt der Baum Knospen, trokkene gelbbraune Blätter und kleine grüne Früchte.

Der Tod nicht bombastisch als existentieller Zufall, sondern ganz einfach als vierte Rechnungsart. Das Sichselbst-inne-werden, wenn man seine Wünsche auf ihre zeitliche Realisierbarkeit hochrechnet. Seit zwei Jahren sehe ich alte Menschen anders, nämlich auf mich bezogen, als eine baldige Erscheinung meiner selbst.

Ich war ein paar Kilometer die Sandbank entlanggelaufen und lag allein, nackt, ein nasses Handtuch um den Kopf, über mir ein glatter blauer Himmel. Still das Grün des Meeres, nur hin und wieder das Knirschen einer Welle, die sich, trotz der Windstille, am Strand brach. Neben mir, eingesandet, *Die Kultur der Renaissance in Italien* von Burckhardt, über den ich im Abendgymnasium ein Referat halten sollte.
Lief abends in der Dämmerung durch St. Peter Ording auf der Suche nach einer Würstchenbude. Vor einer Eisdiele standen die Mädchen aus dem nahegelegenen Internat.
Ich ging vorbei, kalt und gleichgültig wie Meursault.
Hätten sie nicht gekichert, sie hätten mein Herz schlagen hören.

Las, daß der Postbeamte Peter in der Bundesrepublik wegen seiner Mitgliedschaft in der Deutschen Kommunistischen Partei aus dem Postdienst entlassen worden ist.
Am selben Tag wurde im Fernsehen gezeigt, wie der Bürgermeister von Rom, Vetere, ein Kommunist, Indira Gandhi empfing.

Die Möbel waren schon abgeholt worden, da kamen mir Zweifel, und am liebsten hätte ich alles gestoppt, diese planmäßig seit einem Jahr vorbereitete Abreise, die ich zuletzt kaum noch erwarten konnte: Mein Arbeitszimmer, der Englische Garten, das Zusammenwohnen mit Freunden, eine Nähe, ohne sich dabei zu nahe zu kommen, die Kinder, die ihre Freunde in den umliegenden Häusern gefunden hatten, die Leute, die man in den sieben Jahren kennengelernt hatte, der Alte, ein Tischler in Rente, der im Hof Stühle leimte, Bretter hobelte, Leisten verschraubte. Die Hausmeisterin von gegenüber, eine Zeugin Jehovas, mit der wir beim Abholen der Kinder aus dem Kindergarten abwechselten, der Pfarrer, ein Schwarzer aus Südafrika, der nicht wußte, wann und ob er überhaupt in seine Heimat zurückkehren konnte, die aus Husum kommende Kirchenrätin, die Fliederbeersuppe mit Grieskößchen kochte – man hatte sich eingelebt nach sechs Jahren. Sonntagmorgens wurden wir durch Händeklatschen geweckt. Dann versuchte die alte Frau aus dem Rückgebäude, die Tauben von ihrem Balkon zu vertreiben. Der Balkon darunter war weiß von Taubenscheiße, ein Guanolager. Die Bewohner hatten ihn immer seltener betreten und schließlich aufgegeben. Jetzt nisteten in dem alten Gerümpel die Tauben. In einer Höhlung der Mauer hatten wilde Bienen ihr Nest. Und ein Kleiberpärchen stieg die Wand auf und ab. Die Alte

stand auf dem Balkon, blauer Kittel, Hausschuhe, die grauen Haare zum Zopf hochgesteckt. Von Balkon zu Balkon hatte sie mir von ihrem Mann erzählt, auf den sie wartete, seit 35 Jahren. April 45 war er noch eingezogen worden und an die Ostfront gekommen, die irgendwo in Sachsen verlief. Er wurde als vermißt gemeldet. Nie hat sie etwas von ihm gehört. Der kimmt z'ruck, sagte sie, g'wiß kimmt der. Amoi leits, da stata vor der Dür.
War nicht erst neulich ein Mann zu seiner Frau im Pfälzischen zurückgekommen, nach fast sechzig Jahren? Im Ersten Weltkrieg war er in Rußland gewesen, war irgendwo in Sibirien hängengeblieben, hatte dort geheiratet und war dann doch zurückgekommen, nach all den Jahren. Ja, ich hatte es auch in der Zeitung gelesen.
Mei Josef kimmt a hoam. 75 wird er im Jänner.
An sonnigen Nachmittagen stand sie auf dem Balkon und blickte in den Hof. Dort standen ein Holunderbusch und eine Esche, die das Pflaster gesprengt hatte und bis zu ihrem Balkon hochgewachsen war.

Sonntags fahren wir in die Albaner Berge, zum Essen. Das Restaurant ein halbfertiger Neubau. Die Teile wahrscheinlich so beschafft, wie hier viele Neubauten entstehen, auf Autobahn-Baustellen geklaut, von öffentlichen Baustellen mitgenommen, denn öffentlich meint ja immer, daß es allen gehört, alle haben dafür gezahlt, und wenn man es denn braucht, nimmt man es. Man baut ja nicht alle Jahre ein neues Haus.
Hier gibt es dünngeschnittene Steaks, mit Knoblauch über einem Feuer aus Pinienzapfen gegrillt, oder Kaninchen, die der Besitzer selbst schießt. (Oft beißt man auf eine Schrotkugel.) Hier sitzen die italienischen Familien und essen. Unbedenklich kann man die Kinder mitbrin-

gen und spielen lassen, denn alle Kinder spielen, schreien, toben, in einer gnadenlos ungemütlichen Halle. Onkel, Tanten, Großmütter und Großväter, Nichten, Neffen, Enkel sitzen da, essen Vorspeisen, Fettucine, Kaninchen oder Bistecca, Käse, Obst, Eis, dazu ein billiger Landwein, hier werden Wochenlöhne verfressen, mit viel Geschrei, Gelächter und großen Gesten. Während der Woche muß man sich wieder krummlegen, zu Hause stehen keine massiven Möbelgarnituren, die Autos sind verschrammt, verbeult. Wochentags gibt es die Magenfüller, Nudeln, Bohnen, Brot und Käse, und man freut sich auf den Sonntag, ein richtiger Festtag.

Der Gesang aus dem Feuerofen

Gingen, die Kinder auf den Schultern, langsam über die Via Veneto, vor und hinter uns eine unübersehbare Menschenmenge. Vorn ein gellendes Getriller, das, je weiter wir gingen, umso lauter wurde, dort lag die amerikanische Botschaft. Sonderbarerweise sahen wir niemanden in unserer Nähe, der eine Trillerpfeife hatte. Dann, kurz vor der Botschaft, kamen Leute mit Bauchläden durch den Demonstrationszug und verkauften die Pfeifen. Der Erlös sollte einem Konservatorium in Nicaragua zugutekommen.

Es war auch, wenn man genau hinhörte, durchaus kein wirres Durcheinander, sondern ein *Ho-Ho-Ho-Chi-Minh* und ein: *Völker hört die Signale*, was da getrillert wurde. Vor der Botschaft stauten sich die Menschen. Auf Marmeladeneimern trommelte eine Gruppe *Avanti popolo*. Rote, grüne Fahnen, schwarze Spruchbänder, ein großes Transparent, auf dem Gramsci und Togliatti

Hand in Hand einer roten Sonne entgegengeschritten, von zehn, zwanzig Mann getragen, Mitglieder von Landwirtschafts-Kooperativen. Hinter der Botschaft, das Getriller war nur noch von fern zu hören, wurde getanzt. Eine Rockgruppe spielte. Eine Stoffrakete lief auf zwanzig Beinen vorbei mit der Aufschrift: Fuori dall' Italia. Ein Carabiniere stand herum und kratzte sich verlegen den Sack. Ieri Bonn. Oggi Roma. Domani Londra. Es war die Demonstration gegen die Aufstellung der amerikanischen Atomraketen.
Müde vom Laufen und dem Tragen der Kinder, die erschöpft und quengelig waren, wollten wir eine Abkürzung gehen und standen unvermutet oben an der Trinitá dei Monti, oberhalb der Spanischen Treppe. Unten, in einer plötzlichen Dunkelheit, zogen die Demonstranten mit Fackeln über die Piazza di Spagna, ein glühender Lavastrom, der sich in die Via del Babuino drängte. Die Sprechchöre überlagerten sich, von den Hauswänden gebrochen, zu einem mächtigen bewegt-bewegenden Chor, ein Gesang wie aus dem Feuerofen.

Als wir erzählten, daß wir noch ein Kind bekommen, das dritte, sahen wir in München in verlegene oder fassungslose Gesichter. Wir hatten den Eindruck, daß viele nicht wußten, ob sie uns beglückwünschen oder einen Arzt nennen sollten. Da war der Verdacht, unausgesprochen natürlich, daß wir bloß nicht zugeben mochten, daß es ein Versehen sei.
Ein drittes Kind, das bringt doch keine neuen Erfahrungen, sagte uns S., die ein – wie sie es nennt – Spiralenkind hat. Warum drei Kinder? Warum überhaupt Kinder? Irgendwie erwarteten fast alle in unserem Bekanntenkreis eine Erklärung, eine Rechtfertigung.

Ihr habt vielleicht Mut, sagte S. Da wurden gerade unsere Sessel aus der Wohnung getragen.
Und die Kinder? Ist das nicht eine zu große Belastung für die?
Wer sich da plötzlich die Köpfe über unsere Kinder zerbrach. Die hatten früher die Kinder nur wahrgenommen, wenn sie brüllten, redeten dann von oben herab ein paar Worte.
Hier klingelt es, und N., die wir einmal im deutschen Kindergarten gesehen haben, steht vor der Tür und holt die Kinder ab, setzt sie ins Auto, bringt sie abends zurück. Man muß mal Luft holen können, sagte sie zu D.

D. muß eine Blutuntersuchung machen. Sie geht – und das ist der Weg aller Italiener mit einer gesetzlichen Krankenversicherung – zur Krankenkasse, bekommt einen Schein, muß dann zu einem praktischen Arzt gehen, der ihr eine Überweisung schreibt, geht dann zu dem Facharzt, einem Gynäkologen, der ihr eine Bescheinigung für die Blutuntersuchung schreibt, mit der Bescheinigung geht sie wieder zum Amt, läßt sie abstempeln, geht dann in ein Labor, vom Labor zum Facharzt. Der deutsche Bürokratismus ist dagegen vergleichsweise schlank.

Ausblick I

Der Tramontana weht. Der Himmel ist von einem eisigen Blau. Unten die verschachtelten Dächer des Vatikans. Mönch auf Nonne heißt das Dachdeckerverfahren, bei dem halbrunde Dachziegel aufeinandergelegt werden. Ein enger, schneckenförmiger Gang führt in die Kuppel von St. Peter hoch, zum Tambur, der von unten so klein aussieht, tatsächlich aber, steht man oben, riesig ist.

Es ist kurz vor vier, und nur wenige Neugierige stehen noch hier oben. Am Horizont sinkt die Sonne in einen schmalen bräunlichen Wolkenstreif, der dicht über den Hügeln im Westen liegt. Kurz danach taucht sie darunter wieder auf, gestaucht und dunkelrot, dann versinkt sie hinter den Hügeln, die nochmals deutlich in einem violetten Licht hervortreten.

Plötzlich klettern vermummte Japaner aus der Turmtür und beginnen stumm und in einem feierlichen Ernst, ihre kanonenartigen Teleobjektive auf die Stadt zu richten. Ein Japaner photographiert mit dem gleichen Ernst die anderen beim Photographieren. Seit drei Tagen ist die Stadt von Japanern überlaufen, und man glaubt an der Spanischen Treppe und an der Piazza Navona, in Kioto zu sein.

Am Himmel zwei große dunkle Wolken im schnellen Flug. Eine Schar Zugvögel, die sich ausbreitet und wieder zusammenzieht, dunkler jetzt, fast schwarz, und dann, in einer jähen Änderung der Flugrichtung, ziehen sie sich auseinander und hängen wie zwei kilometerlange Wimpel über der Stadt.

Unten, in den vatikanischen Gärten, auf einer Wiese vor einem bombastischen Buchsbaumwappen, das in einem dunklen Grün die Schlüssel Petri zeigt, spielen Priester in schwarzen Soutanen Fußball. Zwei Kardinäle gehen purpurn über die Wiese. Das Spiel wird unterbrochen. Einer der Priester steigt in das Buchsbaum-Papstwappen. Die beiden Kardinäle bleiben stehen. Der Priester kriecht zwischen den Hecken herum. Dann hat er den Ball gefunden und schießt ihn aus der Hand zu den anderen hinüber.

Unten, neben dem Petersdom, im Campo santo teutonico, diesem winzigen Rest vom Heiligen Römischen Reich Deutscher Nation, einer Enklave in der vatikanischen Enklave, sammelt sich das Dunkel, aus dem noch hell ein paar Punkte leuchten, die Marmor-Grabsteine, zwischen denen ich vorhin noch umhergegangen bin.
Wir wurden, seit wir in Rom sind, noch in keine italienische Familie eingeladen. Die herzliche Offenheit der Italiener, wo immer man sie draußen trifft, endet an der Wohnungstür.
Das ist keine häusliche Xenophobie, sondern die haben einfach keine Zeit, erklärt mir E., der in Deutschland studiert hat.
Keine Zeit?
Ja. Da sind Schwiegermutter, Schwiegervater, Großeltern, Onkel, Großonkel, Tanten, Großtanten, Neffen, Cousinen, Cousins, die wohnen da nicht, sind aber, anders als bei euch, oft da. Weil es darum geht, etwas zu nutzen – wie das nun mal ist in einer immer noch bäuerlich geprägten Gesellschaft. Wer darf wann die Beziehungen der Familie anzapfen, zum Finanzamt, zur Bank, zur Schulbehörde, und wer darf wann in dem kleinen Haus an der See oder dem in den Bergen Ferien machen. Darum wird ein sanfter, zäher Kampf gekämpft, manchmal dramatisch, mit Zornausbrüchen, Trennungsdrohungen, meist intrigant, mit allen nur denkbaren Rankünen, darum muß man auch bei den sonntäglichen Familienessen, bei all den Taufen, Geburtstagen, Hochzeiten, dabei sein, man muß sich sehen lassen, um bedacht zu werden, um seine Interessen durchzusetzen, aber natürlich gilt das so nur noch hier im Süden und ändert sich, zumindest in Rom.
Die Frau von E., eine Lehrerin, hat sich scheiden lassen

vor zwei Jahren. Jetzt lebt sie mit einem jüngeren Mann zusammen. In meinem Bekanntenkreis sind fast alle geschieden, sagt er, da habt ihr die besten Chancen, eingeladen zu werden. Zweier-Beziehung mit Kind, ohne familiären Ballast.
E. scheint darüber nicht erleichtert zu sein.

Im November wurden die Pelzmäntel geklopft, die den Sommer über in Aufbewahrung waren. Das Klopfen war Aufgabe der Lehrlinge. Man machte das mit zwei Haselnußstöcken und in einem Tempo und Takt, der, wenn ich ihn später mit den Zeigefingern auf eine Tischplatte klopfte, die Leute glauben ließ, ich sei Drummer in einer Jazz-Band gewesen.
Ich stand auf dem Balkon eines Bürohauses, von dem aus man ein Stück des Jungfernstiegs sehen konnte. Ich klopfte sechs Stunden am Tag. Es war kühl, und von der Alster zogen Dunstschwaden herauf. Unten gingen die Passanten, ein Schlendern ohne jede Hast, müßig, fast ziellos.
Ein mich durch meine Lehre begleitender Traum. Ich hatte vergessen, die Karte, die jedem Arbeitsstück zugeordnet war, abzustempeln, und mußte nun erklären, wo die Zeit geblieben war. Es war nämlich zuviel Zeit da, eine unerklärliche Menge, wie bekam man die weg? Sie hing, wie etwas Massives, Klumpendes, an irgendeinem Auftrag, einem Mantel, einer Jacke, einer Stola. Woher war nur die Zeit gekommen? Sie mußte doch irgendwo fehlen? Es begann ein kompliziertes Rechnen. Gesellen wurden hineingezogen, Zeiten herabgesetzt, Stücklöhne verändert. Es war der böse Traum der Wirklichkeit. Die Blasen an meinen Händen waren aufgesprungen. Die kleinen Finger waren blau geschwollen. Ich hatte Frost in

den Fingern, fror trotz zweier Pullover unter dem Kittel und trotz der Bewegung, die aber auf die Arme beschränkt bleiben mußte.
Über der Stadt lag das Kreischen und Stöhnen eines Eimerbaggers auf der Elbe, und dazwischen immer wieder das Tuten der Schiffe. Manchmal träumte ich, ich könnte Chinesisch, läge auf einer Dschunke und sähe den Himmel, gelb und sonderbar schmal.

Sah heute im Fernsehen das Gesicht des von den Roten Brigaden entführten US-Generals Dozier, wie es heißt, ein stahlharter Mann mit Vietnam-Erfahrung, und fragte mich, ob nicht eben das die Absicht der Roten Brigaden war, dieses Gesicht den Menschen immer wieder über Fernsehen vor Augen zu führen.

Der Trümmermörder

Draußen regnet es, ein schwerer, klatschender Regen. Es ist, obwohl erst 3 Uhr nachmittags, schon dunkel im Zimmer. Der Kachelboden strahlt eine eisige Kälte ab. Ich habe zwei Paar Wollsocken und Holzschuhe angezogen. Die Füße sind eisigkalt, fast fühllos. Unter den Fenstern stehen Plastikschüsseln. Sie fangen das Regenwasser auf, das durch die Fensterritzen läuft. Einmal, nach einem heftigen Gewitter, stand die Wohnung unter Wasser. Wir mußten mit Eimern und Kehrichtschaufel das Wasser ausschöpfen.
Ich sitze am Schreibtisch im Schlafzimmer. Auf dem Korridor brüllen die Kinder. Von fern eine Autosirene, die nun schon seit gut einer Stunde heult. Ständig heulen Autosirenen. Aber man weiß nie, ob wegen eines Kurz-

schlusses, oder weil das Auto nun gerade aufgebrochen worden ist. Niemand kümmert sich darum. Die Kälte ist die Beine bis zu den Knien hochgekrochen. Ich kann mich nicht mehr auf das Schreiben konzentrieren. Dieses langsame Spürbarwerden des Körpers, erst der Füße, die man durch die Kälte in ihrer Größe erfährt – denn das ist der Schmerz, das jähe Bewußtsein von dem, was sonst im Vergessenen seinen Dienst tut – dann die Knie, die Oberschenkel. Die Sirene säuft langsam in einem ziehenden Ton ab, heult hin und wieder nochmals kurz auf. Die Batterie wird langsam leer.
Ich gehe in die Küche, um den Abwasch zu machen. In der Küche steht der Gasofen, der die ganze Wohnung heizen soll, der aber unerträglich nach Gas stinkt, ein Modell aus den zwanziger Jahren. Mich verfolgt die Angst, der Ofen könnte einmal explodieren. Wir haben Besucher gebeten, nicht in der Küche zu rauchen, aber es brennt ja ständig eine Flamme am Brenner, und es scheint nur eine Frage der Zeit und der Witterungsbedingungen zu sein, daß es einmal zu einem Knall kommen wird. Die Wände der Küche, früher weißgestrichen, sind schmutziggrau, flockig fällt die Farbe ab. Unter der Decke hängt wie in einem Dampfschiff ein kolossaler Wasserkessel, verrostet und verdreckt. An den Wänden sechs Steigleitungen, verschiedene Handventile, Überlaufventile, ein Manometer, dessen Zeiger sich bedrohlich der 100%-Marke nähert, wenn man den Gasofen voll aufdreht, um die Wohnung ein wenig warmzukriegen. Dennoch steigt das Thermometer in der Wohnung nie über 16 Grad. Der Kessel unter der Decke ist mit massiven Muttern verschraubt, hat aber ein winziges Loch. Wir haben eine Schüssel auf den Boden gestellt. In regelmäßigen Abständen plinst ein Tropfen aus vier Meter Höhe hinein. Ein Geräusch wie in einer Tropfsteinhöhle.

Ich sitze gern in der Küche. Sie ist der einzige warme Raum in der Wohnung, wie im Winter 46 die Küche im Schulweg. Im Schlafzimmer fror das Wasser in der Waschschüssel. Wir saßen mit zwei alten Frauen in der Küche. Fräulein Söhrensen, der die Wohnung gehörte, und Fräulein Scholle, die wie wir ausgebombt und zwangseinquartiert war. Fräulein Scholle strickte, sie hatte sich mit dem Gesicht zur Wand gesetzt. Sie und meine Eltern redeten nicht mehr miteinander. Irgendwie hatte sie etwas herumgetratscht, hatte auch Kartoffeln geklaut, meine Mutter war in die Küche gekommen, da hielt sie eine Kartoffel in der Hand, steckte sie schnell in die Schürze und legte die Gabel, mit der sie die Kartoffel aus dem kochenden Wasser geholt hatte, auf den Tisch.
Diese Erinnerung: wie die Erwachsenen zusammensaßen in der Küche und erzählten, und es gab auch viel zu erzählen. Man war ja noch mal davongekommen.
Einmal, es war im Winter und später Abend, hörte man von draußen, aus der Ferne, wo die schier endlosen Trümmer waren, Schreie, die Hilfeschreie einer Frau. Die Männer aus dem Haus taten sich zusammen und gingen hinaus, konnten in der Dunkelheit aber niemanden entdecken.
Erst am nächsten Tag fand man die Leiche einer Frau, die erdrosselt worden war.
Ich gehe an den Schreibtisch zurück, das einzige Möbel, das wir mitgenommen haben. Die Sirene seufzt nur noch, in langen Abständen und immer matter, wie ein sterbendes Tier. Der Regen wird gegen die Fensterscheibe gedrückt. D. hustet. Sie schreibt an einer Rezension; zwischendurch hat sie Wäsche in einer Plastikschüssel gewaschen. In München steht unser Maschinenpark, Waschmaschine, Schleuder, Trockner, Spülmaschine. D. hustet,

ein würgender Husten bis zum Erbrechen. Der Arzt hat Hustensaft mit Codein verschrieben, den sie aber, wegen der Schwangerschaft, nicht nimmt. Die Kinder spielen auf dem Korridor Fußball. Der Ball knallt immer wieder gegen meine Tür. Ich muß mich zwingen, nicht aufzuspringen und *Ruhe* zu erbrüllen.

G. soll nach unserer Abreise gesagt haben, die Edelaussteiger.

Es war November und schon dunkel. In den Straßen staute sich der Nebel, und vom Hafen hörte man das Tuten der Schiffe. Wir standen neben dem Hauseingang und spielten Geschichtenball: Man wirft den Ball gegen die Mauer, über den Rücken, rechts und links über die Schulter, und erzählt dabei eine Geschichte. Fällt der Ball runter, muß man aussetzen, und der nächste spielt und erzählt die Geschichte weiter. Der Duft der Apfelsinen aus dem Obstgeschäft von nebenan. Die Mädchen sitzen auf den Treppen und lauschen.
Fiel mir der Ball runter, wußten sie es einzurichten, daß ich bald weitererzählen mußte. Meine immer wieder abgewandelten Geschichten: Scotts Fahrt zum Südpol und sein Ende. Der Untergang einer Hallig. Eine Entdeckungsreise durch den tiefsten Urwald Afrikas. Neros Leben und Ende.
Kam abends ins Geschäft, das Klingklang der Ladenglocke, und bekam die väterlichen Ohrfeigen, weil ich wieder einmal zu spät war.

Neros Tod I

Als darauf einer nach dem anderen immer wieder in ihn drang, sobald als möglich sich dem wartenden Schimpf zu entziehen, befahl er, vor seinen Augen eine Grube zu graben, die seinen Körpermaßen entsprach, zugleich um sie herum einige Marmorblöcke aufzustellen, wenn solche aufgetrieben werden könnten, und Wasser und Holz herbeizubringen, um bald seiner Leiche die letzten Ehren zu erweisen. Während dieser Vorbereitungen weinte er und sagte immer wieder: »Was für ein Künstler geht mit mir zugrunde!«
Unterdessen brachte ein Läufer Briefe für Phaon; Nero riß sie ihm aus den Händen und las, er sei vom Senat zum Staatsfeind erklärt worden und man suche nach ihm, um ihn nach Brauch der Vorfahren zu bestrafen. Er fragte, was für eine Art Strafe das sei, und als er erfahren hatte, daß man den Verurteilten nackt mit dem Hals in eine Gabel spanne und dann mit Ruten zu Tode peitsche, ergriff er voll Schrecken zwei Dolche, die er auf sich trug, prüfte bei beiden die Spitze, steckte sie dann aber wieder ein und führte zur Begründung an, die vom Schicksal bestimmte Stunde sei noch nicht gekommen.

Leben der Caesaren, Sueton

Die Ohrdusche

Abends laufe ich zum Zeitungsstand an der Via Po, Ecke Via Salaria. Dort gibt es die deutschen Zeitungen vom Tag. Die Via Po: ein in allen Farben strahlender Glanz, die Schaufenster, die Neonreklamen, Punktstrahler. Genau um 20 Uhr dann ein Rasseln, ein blechernes Klap-

pern, Scheppern, schwere eiserne Rollos verschließen den Glanz der Warenwelt. Innerhalb von fünf Minuten liegt die Straße im Dunklen. Dann wächst noch einmal der Verkehr und staut sich an der Kreuzung Via Po-Salaria. Mit einem unfaßlichen Eigensinn fahren die Autos in langen Kolonnen auf die Kreuzung, ein Kampf um jeden Meter, jeden Zentimeter, Stoßstange an Stoßstange, überall ein winziges Anfahren, hartes Abbremsen, der Verkehr steht, und zwar nach beiden Richtungen, jeweils in doppelter, ja dreifacher Reihe. Von außen betrachtet glaubt man, die Fahrer könnten nur noch aussteigen, oder jene, die in der Mitte eingekeilt sind, müßten mittels Schneidbrennern aus den Autodächern geholt werden. Es gibt weder ein Vor noch Zurück. Doch plötzlich beginnt sich, was bisher nur in einer eigensinnigen Vorwärtsbewegung war, begleitet von einem irren Gehupe, Gewinke, Geschrei, das aber nichts Aggressives an sich hat, etwas nach rückwärts zu bewegen. Wiederum geht es um Zentimeter, Zurufe, ein Müllcontainer wird auf dem Gehsteig beiseite geschoben, die ersten Autos können seitlich über den Bürgersteig fahren, wer kann, drängt sich in diese Richtung, kein Blick in den Rückspiegel, wer hinten ist, muß aufpassen, was vorn passiert, alles ist nach vorn gerichtet, und langsam entwirrt sich dieser Blechhaufen, der in Deutschland nur mit Polizeieinsatz hätte aufgelöst werden können. Selbstverständlich werden dabei keine Verkehrszeichen beachtet, das Rot leuchtet, man läßt es leuchten, und das Vorfahrtsschild hat, wie ja die deutschen Italienurlauber so gern berichten, nur eine begrenzte Aussagekraft.
Zeichen sind eben nicht eindeutig, sagt mir ein junger Mann in einer weißseidenen Jacke, den ich in einem Restaurant kennenlerne, von Beruf Designer, ein Stop-

Schild bedeutet eben nicht ein für allemal stop, es ist kein Befehl, sondern ein Hinweis und muß in der jeweiligen Situation neu interpretiert werden. Hier sprechen die Zeichen. Anders in Deutschland, sagt er und lacht. Als er das erste Mal in München, vor ein paar Jahren, nachts in sein Hotel zurückging, sah er in den sonst menschenleeren Straßen der Innenstadt zwei Männer an einer Ampel stehen. Die Ampel zeigte Rot. Aber nirgendwo war ein Auto zu sehen. Die Männer warteten, bis die Ampel grün wurde. Er glaubte zunächst, daß die beiden, ins Gespräch versunken, nicht auf den Verkehr geachtet hätten. Aber auch an der nächsten Ampel blieben sie stehen. Warteten, bis die Ampel Grün zeigte.
Er lacht und erklärt das mit der deutschen Kartoffel.
Der Kartoffel?
Ja, das Klima. Man muß vorsorgen, sonst kommt man nicht durch den langen Winter. Man darf eben nicht alle Kartoffeln aufessen, sondern braucht welche für die nächste Saat. Hier, insbesondere im Süden, wächst irgend etwas, es wächst, weil es wächst, und wenn es nur Feigen sind oder Eßkastanien. Man lebt in den Tag hinein, und irgendwie gehts schon weiter, und so fährt man auch, einfach los und geradeaus, und wenns dann gar nicht mehr weitergeht, dann muß man sich etwas einfallen lassen, man muß dann eben etwas finden, etwas Neues, und das macht ja auch Spaß. Die guten, die wirklich guten Designer kommen alle aus dem Süden Italiens, Neapel vorzugsweise, wie Armani zum Beispiel. Man merkt, er ist stolz darauf, aus dem Süden zu kommen, aus Reggio, und er arbeitet momentan an einer Ohrdusche.
Eine Ohrdusche?
Ja, er ist darauf gekommen, als sein Onkel eine Zahndusche, die er auf einer Tombola gewonnen hatte, ah-

nungslos als Ohrdusche benutzte. Sein Onkel ist Analphabet und konnte die Gebrauchsanweisung nicht lesen. Er selbst habe die Zahndusche auch als Ohrdusche ausprobiert und festgestellt, daß man sich auf eine angenehme Weise und ohne Gefahr für das Trommelfell die Ohren säubern könne. Das meiste ist nicht so festgelegt, wie es scheint. Man muß improvisieren. Die Lage prüfen und dann eben fahren, egal, ob rot oder grün, das bringt mehr Bewegung als die starren Regeln, darum ist der Verkehr so flüssig in Rom, sonst wäre er längst kollabiert. Darum gibt es so wenige Unfälle.
Ich erzähle von meinen Erlebnissen auf den italienischen Landstraßen und Autobahnen, insbesondere beim Überholen: Autos, die plötzlich ausscheren, nach links oder rechts, bremsen oder Gas geben, Fahrer, die, statt nach vorn nach hinten blicken, weil sie sich mit jemandem im Fond unterhalten, dabei mit beiden Händen gestikulieren, vermutlich mit dem Knie steuern, Fahrer, die sich Zigarren beschneiden, sich rasieren, Zeitungen lesen, schnitzen, eine Fahrerin, die sich vor dem Rückspiegel schminkte und mich, als ich entsetzt hupte, verwundert ansah, und beinahe in den Graben gefahren wäre, Liebespaare, er am Steuer, sie auf dem Nebensitz, knutschend, das alles bei einer Stundengeschwindigkeit von 120, und ich weiß nicht, ob es Zufall ist, aber ich sehe auf der Autobahn immer wieder die Autos wie Käfer herumliegen, umgekippte, zermatschte Blechhaufen.
Meine Zufallsbekanntschaft lacht, prostet seiner Freundin zu, die wunderschön ist, und sagt, es sei doch schöner, mit einer sich schminkenden Frau zusammenzustoßen als mit jemandem, der auf sein Vorfahrtsrecht beharrte.
Vielleicht, denke ich mir, schöpft daraus auch die Semio-

tik eines Umberto Eco ihren Reichtum, als Wissenschaft einer Volkskultur.

Ausblick II

Zu Weihnachten ist im Bahnhof Termini der Stall von Bethlehem aufgebaut worden. Ein großes Schild nennt den Stifter: *Banca Nazionale delle Communicazioni.* Das Wirtshaus, der Stall, eine Scheune. Hirten, die drei heiligen Könige, Maria, Josef und das Jesuskind, alle in grellen Farben und naturalistisch bis zur Warze, die ein Hirte auf der Stirn trägt. Aus dem Schornstein quillt bläulich Weihrauch. Von einem Tonband orgelt Beethovens Neunte. Die Menschen drängen sich an das Absperrgitter und werfen Münzen und Geldscheine auf einen lila Teppich. Ein Priester in schwarzer Soutane geht mit einem Staubsauger vor der Krippe auf und ab. Man hört das Klirren der durch das Rohr flitzenden 100-Lire-Stücke.

Eine Sprache, die wieder zu den Dingen kommt, damit auch die Dinge wieder zur Sprache kommen.

Mit dem Umstand, daß es keine Übereinstimmung zwischen dem Wirklichen und der Rede gibt, können die Menschen sich nicht abfinden, und diese Weigerung, die vielleicht so alt ist wie die Rede selbst, bringt in einem unablässigen Bemühen Literatur hervor. Man könnte sich eine Geschichte der Literatur vorstellen oder besser: der Hervorbringung der Rede, die die Geschichte der – oft ganz aberwitzigen – verbalen »Notbehelfe« wäre, die die Menschen benutzt haben, um das zu reduzieren, zu zähmen, zu leugnen oder auch auf sich zu nehmen, was »im-

mer« ein Delirium ist, nämlich die fundamentale Nicht-Adäquatheit von Rede und Wirklichem.

Lektion, Roland Barthes

Er steht da, den Oberkörper entblößt, das weiße Hemd über die Hose gestreift, die rechte Hand in der Hüfte, den Blick konzentriert auf sich, den Betrachter, mit der linken Hand zeichnet er, seitenverkehrt, da durch den Spiegel gesehen, das braungelockte, halblange Haar, darunter schattig das Gesicht, faltenlos, im Halbprofil, ein grelles Licht fällt auf seinen Rücken, der knochig vorsteht, die eingefallene Brust, im Hintergrund ein Bett, aufgedeckt, weiß die Laken, die Bezüge, wie ein Kranken- oder Sterbebett, braun das Holzgestell, und darunter sammelt sich das Dunkel, er steht wie in einer Grube, vor dem Tisch, auf dem ein paar abgeschnittene Blüten liegen und ein Veilchen, der Malkasten, darin wie Schröpfkugeln die Glasstopfen zweier Flaschen, in denen – vielleicht – die Verflüssiger der Ölfarben waren, mit denen er sich malte, 22jährig und schon von der unheilbaren Krankheit gezeichnet: Victor Emil Janssen, 1807 in Hamburg geboren, zum Studium an die Akademie nach München und von dort nach Rom gegangen, auf der Suche nach dem Unsagbaren, schließt sich den Nazarenern an, kehrt nach zwei Jahren nach München zurück, wo ihn seine Krankheit (Knochenmarktuberkulose) daran hindert, weiter zu malen, und so sichtet er seine Arbeiten, die hochgelobten, und vernichtet, was ihm nicht genügt: Halbheiten, Kompromisse, Durchschnittliches, wie er findet, doch das, was er da als nicht konsequent, nicht genau und gut genug verbrennt, steht, das darf man vermuten, noch turmhoch über dem, was Kunsthistoriker in jener Zeit als große Werke feiern, wenige, zufällige Blätter zeigen das, wie die 1834 in Rom entstandene Bleistiftzeichnung vom Kopf eines Knaben, ein erstarrtes Gesicht, nach oben verdrehte Augen, ein zu einem Schrei aufgerissener Mund, der aber stumm bleibt, stumm über dieses Schrecknis Leben, das von Krankheit und Tod umstellt ist, wie auch sein Selbstbildnis vor der Staffelei, das man heute in einem Seitenraum der Hamburger Kunsthalle betrachten kann. 1843 kehrte er nach Hamburg, seine Geburtsstadt, zurück, wo er zwei Jahre später, gerade 37 Jahre alt, starb.

Silvesternachmittag. Am offenen Fenster. Vor mir das Summen der elektrischen Schreibmaschine. Hin und wieder drückt ein leichter Windzug die Wärme in das noch kalte Zimmer. Vor dem Fenster in den kahlen verfilzten Weinranken tobt eine Amsel.
Aufschreit das Herz: O Haar! Du Dagmar-blond!
Du Nest! Du tröstende erblühte Hand!
　　　　　　　　　Schnellzug, Gottfried Benn

Versuch über eine Ästhetik des Spaghetti-Essens

Waren heute, am Sonntag, in einem kleinen Restaurant in den Sabiner Bergen. Die Nonna kochte, ihre Tochter nahm die Bestellung auf, Kinder trugen das Brot und den offenen Landwein zum Tisch. Tischtücher aus Papier, grau, wie billiges Klosettpapier, keine Servietten, Teller abgestoßen, aber unvergleichliche Spaghetti all' amatriciana.
Die Geschichte der Spaghetti ist leider noch immer nicht geschrieben und man ist, was die Entwicklungsgeschichte dieses Nudelgerichts und seine gesellschaftliche Bedeutung betrifft, auf Vermutungen angewiesen.
Die Nudeln, und damit auch die Spaghetti, wurden, und das

ist historisch verbürgt, durch Marco Polo eingeführt, der sie am Hof des Kublai Khan in China kennenlernte. Aber die Entstehungsgeschichte der Nudel in China verliert sich im mystischen Dunkel, angeblich wuchs sie auf Drachenmist, und auch die weitere Ausbreitung und ihre Metamorphose zu den Spaghetti, nach dem kulturellen Transfer, ist weitgehend unbekannt.
Wie schnell breitete sie sich in Italien aus? Welche Stände aßen sie zuerst? Gab es Vorbehalte, so wie sie meine Mutter noch heute hat? Wurde die Nudel in ihrer Form weiter entwickelt oder abgewandelt? War sie früher dikker oder dünner? Länger oder kürzer?
Die Spaghetti, wie man sie heute auf die Gabel rollt, nahmen ihren Anfang also mit Marco Polo, der sich, wie eine Legende zu berichten weiß, den Scherz erlaubte, in seinen Berichten zu unterschlagen, daß man die Nudeln in China vor dem Kochen durchbricht, mit diesem häßlichen Knacks, mit dem man auch heutzutage den Spaghetti leider immer noch in entlegenen nord- und mitteldeutschen Gebieten das Genick bricht, womit sie aufhören, Spaghetti zu sein; denn ihr Wesen ist ja gerade die dünne Überlänge, und das Zerkleinern ist die Folge eines dumpfen Mißverständnisses, das annimmt, sie müßten sich nach der Größe des Topfes richten, nicht umgekehrt, wobei die Aufklärungsarbeit gegen dieses Mißverständnis nur durch Anschauung möglich ist, wozu ganz wesentlich die Ausbreitung italienischer Restaurants, die vor 30 Jahren, zumindest in der norddeutschen Provinz, unbekannt waren, beigetragen hat, bis hin nach Glückstadt an der Elbe, das sich mit seinen Heringen und seinem Grünkohl als besonders resistent erwies, wo man aber neuerdings bei einem Italiener Spaghetti in ihrer vollen Länge genießen kann, wenn sie denn nicht von einem Ba-

nausen auf dem Teller zerschnitten werden, denn die Länge gehört, wie schon gesagt, zum Wesen der Spaghetti, egal, ob sie nun in dieser Form aus China kamen oder, wie ich vermute, eine italienische Weiterentwicklung der ursprünglich dickeren und kürzeren chinesischen Nudel sind, wahrscheinlich fand, schon in der Renaissance einsetzend, eine Streckung der Nudel statt, die auf eine bislang noch geheimnisvolle Weise mit der Herausbildung der Perspektive zusammenhängt, den Teller gleichsam fluchtpunktartig in den Blick rückte und damit auch das Essen als Genuß im Unterschied zur bloßen Nahrungsaufnahme bewußt machte, eine Entwicklung, die ihren Ausgang von aristokratischen Kreisen nahm, im Gegensatz zur Barockzeit, in der die Spaghetti abermals verlängert wurde, was diesmal aber in den unteren Ständen stattfand, als eine ästhetische Konterkarierung des Luxuskonsums, durch die sich allmählich ein Volksgericht herausbildete, das von den im Überfluß schwelgenden oberen Ständen mit ihren zu Wagenrädern angeschwollenen Halskrausen nicht gegessen werden konnte – es sei denn, man hätte sich von seinem Diener füttern lassen – hingegen war das Essen dieser Bindfadennudeln im Handwerkerkittel einfach und problemlos, weil die Spaghetti, im Gegensatz zu diesen dicken Nudel-Jonnys, die nach zweimaligen Kauen wie Mehlmatsch im Munde liegen, gerade durch ihre Dünne und Länge den Sugo besser verteilt aufnahmen, so daß eine Mischung von fest und flüssig entstand, die ein weitverteiltes Schmecken der Geschmacksknospen garantierte, mit einer dazu notwendigen Verbindung und Untermischung von Luft; denn dieses Schmecken ist zugleich – wie bei kaum einem anderen Gericht – mit einem höchst lustvollen Ertasten der Speise durch Lippen, Zunge und Gaumen verbunden, diese glatten, dünnen und weichen Spaghetti, die weich, aber nicht matschig sein dürfen, noch gerade im Biß spürbar, also al dente, vereinen in einer verfeinerten Form eben dies: das Beißen und das Saugen, es ist die Erinnerung an vergangene lustvoll orale Zeiten, was man bei Spaghetti essenden Kindern gut beobachten kann, dieses Hineinlutschen der Nudeln, darum ihre Länge, sie ist heute in Italien – auch in piekfeiner Gesellschaft – der Vorwand, eine der stets an der aufrollenden Gabel herunterhängenden Nudeln mit einem Flutsch in den Mund zu ziehen.

Die Kunst der Verbindungen

Ende Oktober waren wir, erschöpft von der ewigen Jagd nach Gettoni, um nach München telefonieren zu können, zum Postamt gegangen und hatten uns ein Formular geben lassen, um das Telefon, das in der Wohnung stand und noch einen dieser massiven Knochenhörer aus den Anfängen der Fernmeldetechnik hatte, wieder anzumelden.
Die Frau am Schalter reichte uns ein Formular, und wir begannen all die Fragen zu beantworten, sahen aber bald, daß wir sie nicht beantworten konnten: wann der Apparat erstmals angemeldet, wann der Anschluß gekündigt worden war, wie die alte Nummer lautete. Herr Milite mußte befragt werden. Anläßlich eines dieser konspirativen Treffen, bei dem wir ihm wieder die Miete zusteckten, gaben wir ihm, während er D. auf Bauch und Busen starrte, das Formular, erklärten, wie wichtig ein Telefon für uns sei. Sein Gesicht erstarrte vor Mißtrauen. Ein Telefon. Er überlegte angestrengt, wahrscheinlich, ob die

Roten Brigaden sich dieses Telefonanschlusses bedienen könnten. Schließlich füllte er das Formular aus.
Frau Peccorini, die unter uns wohnte, wollte sich ausschütten vor Lachen, als sie hörte, wir wollten ein Telefon anmelden. Einen Telefonanschluß hier in Rom, da könne man genausogut versuchen, den Papst zum Tee einzuladen. Unmöglich, sie hatte von dem letzten Neuanschluß vor Jahren gehört, und da hatte der Antragsteller drei Jahre warten müssen, obwohl er jemanden in der Behörde kannte, der sich auf die Vermittlung von Telefonanschlüssen spezialisiert hatte, ein Mann, zu dem zu gehen sie uns riet.
Der Mann gehörte zu jener Berufsgruppe, die davon lebt, irgendwelche Kontakte zu Behörden zu haben, die nicht nur Behördengänge macht, sondern auch auf die Bewilligungen, auf Antragstellungen und deren Weiterleitung oder auch Nichtweiterleitung Einfluß ausübt, durch Freunde oder Verwandte. Wie dieser Herr Bramante, der einen Cousin dritten Grades in der Telegrafenabteilung hatte. Aber wir wollten ja keinen Telegrafenanschluß. Nein. Dieser Mann hatte einen Schwippschwager, der in der Zentrale der Telefonzulassung einen Onkel sitzen hatte. Dem galt es einen Hinweis zu geben, wofür der aber keineswegs Geld haben wollte, sondern er brauchte eine Zulassung für einen Elektrizitätsanschluß seines schwarz gebauten und immer noch vom Abriß bedrohten Hauses, und zwar in der Abteilung für Elektrizität, wo als Sekretärin die Tochter einer Nachbarin des Herrn Bramante tätig war, die wiederum einen Freund hatte, der in einer Fernmeldetechnikergruppe arbeitete. Von dieser Gruppe aus mußte eine Person in der Bewilligungsbehörde gefunden werden. Die Verbindungen zu dieser Person mußten aber noch geknüpft werden. Hin-

gegen war es gelungen, den Abriß des Hauses des Onkels des Schwippschwagers des Cousins dritten Grades von Herrn Bramante abzuwehren, indem dieser jemanden in der Stadtbehörde gefunden hatte, der dringend einen Telefonanschluß brauchte, und der die schon erlassene Anordnung zum Abriß des schwarz gebauten Hauses, ein versiegeltes Dokument, einfach hinter den Aktenschrank hatte fallen, also einfach hatte verschwinden lassen, was nicht mit einer Vernichtung gleichzusetzen war, was, wäre es je herausgekommen – man weiß nie, wie verschwiegen die Konfidenten sind, und ob man nicht erpreßt wird – den Job gekostet hätte. So aber blieb das Aktenstück verschwunden, bis der Schrank zwecks Säuberung von der Wand gerückt werden würde, was zuletzt vor dreißig Jahren passiert sein mußte. Damals hatte sich soviel Altpapier hinter dem Schrank angesammelt, daß er umzukippen drohte. Die alten Akten kamen dann endlich aus ihrem Limbus, weil verjährt, in den Reißwolf.
Und der Preis? Der Preis ist hoch. Würde aber sicherlich niedriger, wenn man jemanden im deutschen Konsulat kannte.
Wir kannten niemanden und gaben auf.
Bei Nicole eingeladen, die aus einem der idealisierenden DDR-Frauenfilme kommen könnte, drei Kinder, Dozentin für französische Literatur an der Uni, zugleich Französischlehrerin an der Deutschen Schule, kocht nebenher zentnerweise Äpfel ein, auch Pflaumen, Mirabellen, Erdbeeren, Himbeeren, schreibt über Flauberts *Salammbô*, macht Jazztanz, backt Kuchen, spielt Klavier, schreibt lange Briefe, liest deutsche und französische Literatur und tischlert – man weiß nicht, wie und wann – Tischfußballspiele, dieser Frau also, die auch noch mit einem Manager verheiratet ist, der in der Zentrale der IRI arbeitet,

erzählten wir bei einer Nachmittagseinladung, wo sie als Pique As gekleidet auftauchte, von unserem Versuch, das Telefon anzumelden, denn mit dieser Erzählung lösten wir regelmäßig Heiterkeit aus. Sie aber sagte nur, sie wolle das ihrem Mann sagen. Wann wir den Antrag gestellt hätten? War der nicht längst vergessen, in den Papierkorb gewandert? Alle Anträge werden aufbewahrt, entweder, bis sie verjähren, oder bis zum Jüngsten Gericht.
Drei Wochen später kam die Nachricht, daß wir ein Telefon bekämen.
Frau Peccorini machte ein Gesicht. Gern hätte sie gewußt, wen wir da kannten, offensichtlich jemanden mit weit besseren Beziehungen als den Herrn Bramante. Den Direktor der staatlichen Telefonbehörde? Einen Staatssekretär im Wirtschaftsministerium?
Ihre Nichte, die gerade geheiratet hatte, suchte dringend einen Anschluß, und ein Cousin, der ein kleines Schuhgeschäft eröffnet hatte, auch der Bruder einer sehr guten Freundin ...

Der fehlende linke Schuh

Via del Pellegrino, eine schmale Straße, Einfahrten, an deren Ecken Prellsteine aus Marmorsäulen stehen, winzige Werkstätten, wie Höhlen, ein orthopädischer Schuh wird an einer alten Tretnähmaschine genäht, eine Holzkugel gedrechselt, die Späne ringeln sich, eine Säge frißt sich kreischend in eine Rinderhälfte, Schrauben, Zylinder, ölverschmiert sitzt jemand vor einem zerlegten Mofa, Spiegel, abgesägte Tischbeine, eine Tischlerei, daneben eine Toreinfahrt, vollgehängt mit Jacken, Anzüge,

Harris-Tweed, second hand aus England und Irland, Anzüge, made in USA, gespendet für die Erdbebenopfer, das alles wurde irgendwo umgeleitet und wird jetzt hier verhökert.
Es gibt eine umfangreiche klandestine Wirtschaft, wie wäre das sonst zu erklären, daß in Italien das Bruttosozialprodukt wächst, alle anderen Daten im Jahr 81 aber das Gegenteil sagen, Investitionsraten werden kleiner, Arbeitslosenzahlen und Inflationsraten steigen?
M., der Mann von N., Manager in der staatlichen IRI, erzählt von der neuesten Untersuchung. In einer Stadt in der Basilicata waren zehn Postangestellte für ein Postamt ausgewiesen. Als man kontrollierte, war nur einer im Postamt, die anderen mußten von Baustellen, Reparaturwerkstätten geholt werden, nur einer konnte gleich kommen, der hatte direkt neben der Post eine kleine Bar.
Keiner der Postbeamten hätte von dem Gehalt seine Familie ernähren können.
Auch M. muß, will er sich weiter mit seiner Familie eine Vierzimmer-Wohnung leisten und zweimal im Jahr in Urlaub fahren, neben seinem für italienische Verhältnisse gut bezahlten Job noch arbeiten, wie auch seine Frau arbeitet. So sitzt er nachts und arbeitet Statistiken aus für eine Wirtschaft, die sich gnadenlos jeder Erfassung entzieht, weil in jedem Bereich schwarz gearbeitet wird, durchaus nicht nur im kleinen, wo der Maler kommt, um ein Zimmer zu witschern, sondern auch im großen, Betriebe mit zwanzig, dreißig Leuten, auch im High-Tech-Bereich mit Staatsaufträgen, sind keine Seltenheit. Wie es umgekehrt all die kleinen und großen Jobs im hypertrophen Verwaltungsbereich gibt, vom Portier über den Kaffeeholer bis zu Herrn Bramante mit seinen familiären Verbindungen zur Anmeldung von Telefonen. Ein Ver-

sorgungssystem, das nach dem Prinzip des Netzwerks aufgebaut ist, auch der Nachbarschafts- und Familienhilfe, ein System der gegenseitigen Hilfe läßt sich, weil anarchisch, nicht statistisch erfassen, denn jeder, der Angaben macht, macht sie so, wie er auch Verkehrszeichen einschätzt: Sie sind, aus der jeweiligen Situation heraus, interpretationsbedürftig.

Aber, sagt M., man soll das nicht verklären, nicht als lustvolle Entropie feiern, die ihr deutschen Intellektuellen mit euren Hyperstrukturen ersehnt und die alles wieder nett und menschlich werden läßt, den Dreck vor der Tür und die schwatzenden Nachbarn auf der Treppe, das ist euer romantischer Italientraum. Tatsächlich sind das nur noch pittoreske Reste, wie von der staatlichen Tourismusabteilung erfunden, denn hier wird, wie bei euch, alles berechenbarer, nämlich dort, wo das Kapital hinkommt, da schwindet auch der hübsche Anarchismus, wird eine neue, datenreiche Ordnung entstehen, die sich eurer annähert, nicht umgekehrt. Schon haben die Spekulanten den Boden im Westen aufgekauft, wo ein zweites römisches Zentrum aus dem Boden gestampft werden soll, dort wird die Verwaltung sein, dort werden die Wohnblocks gebaut und die Geschäftshäuser. Das wird Rom stärker verändern als der Brand Neros. Noch ist nicht viel zu sehen, nur in Cine citta muß man bei Außenaufnahmen schon einen künstlichen Himmel aufstellen, der die ersten Neubauten im Hintergrund verdeckt.

Seit ich in Rom bin, ist meine Schrift größer geworden. Das Neue macht sich breit.

Lese im *Espresso*, daß die Democrazia Cristiana vor den Parlamentswahlen 1948 im Süden Italiens Schuhe verteilte, und zwar ausschließlich rechte. Nach Auszählung der Stimmen in den Wahllokalen bekamen die Wähler, hatten sie alle die christlichen Demokraten gewählt, die linken dazu.

Das Auge des Ethnologen

Heiner Müller erzählte, daß die Hopi-Indianer einen Pfeil durch besonders schön ausgemalte Schüsseln schießen.
Müller meinte, wir müßten von den Hopi lernen und durch unsere Arbeiten Pfeile schießen.
Das Beispiel gefiel mir. Wenn auch mit einer Irritation. Allzusehr entsprach es der bei uns – in der DDR mag das anders sein – vorherrschenden Meinung, Kunst habe absichtslos, zweckfrei, reine Form zu sein.
Jetzt hörte ich von einem Ethnologen, daß die Hopi ihre Schüsseln erst mit Pfeilen löchern, seitdem sie die an amerikanische und europäische Sammler verkaufen. Sie erfüllen so deren Erwartung, was Kunst zu sein habe, zugleich verhindern sie aber auch, daß die Schüsseln tatsächlich von den Sammlern gebraucht werden können. Sie sollen sie an die Wand hängen oder in die Museumsvitrine stellen, nicht aber daraus Wasser trinken.
Die Löcher darin erinnern an ihre Schöpfer, die so über den Gebrauch bestimmen.
Erst jetzt ist das Beispiel, hinter dessen magischer Aura eine listige Überlegung auftaucht, auch für unsere Arbeit akzeptabel.

Laufe nachts durch das Nomentana-Viertel. Die Straßen, die Häuser liegen da wie ausgestorben. Kahl stehen die Platanen in der diesigen Kälte. Heute morgen war eine Pfütze im Garten gefroren. Die Matratzen, die Kleider, die Sessel sind klamm. Wir schlafen in Pullovern und Trainingshosen.

Eine Frau kommt mir entgegen, wechselt, als sie mich kommen sieht, zur Mitte der Straße. Ihr Kopf ist mit einem Schal umwickelt, ein schwarzes gesichtsloses Wesen, das mit einem metallischen Picken vorbeigeht.

Auf der Nomentana stehen die Autos auf den Seitenwegen geparkt, dicht hintereinander, wie in den fünfziger Jahren im Hamburger Stadtpark. Die Scheiben sind beschlagen, einige Autos schaukeln sacht. An einer Seitenscheibe schattenhaft ein Bein, ein Fuß, ein Stöckelschuh. Der Absatz hat feine Striche in den kondensierten Atem an der Scheibe gezeichnet.

Aus der Via del Pellegrino kommend, betritt man die Campo di Fiori. Vormittags ist dort Markt, Stände mit allen Fisch- und Muschelsorten des Mittelmeers. In der Nähe des Denkmals Giordano Brunos (Il secolo da livi divinato qui ove il roce arse), der hier verbrannt wurde und den ein gegen das Papsttum gerichtetes liberales Bürgertum ehrte, stehen die Gemüsestände. Sogar jetzt, im Winter, gibt es große Lauchstangen, ausgewachsene, dicke Gurken, reife Avocados, ich habe schon im Kopf: Glückliches Italien, da entdecke ich an den Kisten das Herkunftsland: Tunesien.

Vor dem Denkmal Giordano Brunos steht ein Dominikaner, er trägt eine braune Kutte, an den nackten Füßen, trotz der Kälte, Sandalen. Er verkauft Traktate und ruft: Carlo Marx, il fondatore del communismo é il maledetto dei maledetti. Ein Gemüsehändler sagt, Christus sei doch wohl auch für Kommunismus eingetreten, also sei auch er ein maledetto, der Mönch redet, redet, ich kann nur Bruchstücke verstehen: Stalino, Gramsci, man sieht, er hat ein Goldgebiß, auch die vorderen Zähne sind aus Gold. Eine Fischfrau gießt neben ihm einen Eimer mit Brühe voller Fischmägen und Köpfe aus, der Schwall spült ihm über die Sandalen. Stronza! Sie droht, ihm noch einen anderen Eimer über die Füße zu gießen. Da geht er.

Neros Tod II

Bald forderte er Sporus auf, die Totenklage zu beginnen, bald bat er, daß einer ihm durch sein Beispiel Mut zum Selbstmord gebe; manchmal schalt er sein feiges Zögern mit den Worten: »Mein Betragen ist entehrend und schimpflich«, dann auf griechisch: »Das ziemt sich nicht für Nero, es ziemt sich nicht. – Besonnenheit braucht es in solcher Lage. – Auf! Ermanne dich!«
Schon näherten sich Reiter, die den Auftrag hatten, ihn lebend zu bringen. Als er sie hörte, sprach er zitternd den Vers aus Homer: »Schnell hertrabender Rosse Gestampf umtönt mir die Ohren« und stieß sich mit Hilfe seines Sekretärs Epaphroditus den Dolch in die Kehle. Er war schon halbtot, als ein Offizier hereinstürzte und, damit Nero glaube, er wolle ihm helfen, seinen Mantel auf die Wunde drückte. Nero sprach zu ihm nichts weiter als: »Zu spät!« und: »Das ist Treue!« Mit diesen Worten verschied er; seine Augen traten aus dem Kopf und blickten so starr, daß sie allen, die das sahen, Grauen und Furcht einflößten.

Leben der Caesaren, Sueton

Ausblick III

Warten auf Mobys Auftauchen, noch schwimmt er in seinem Wasser, in einem zarten Helldunkel, und lauscht.

Plötzlich stehen in der Stadt überall Zelte, Bauzelte, wie sie Straßenarbeiter und Kabelleger benutzen, alte Campingzelte, kleine Rucksackzelte, davor graue, fadenscheinig gekleidete Gestalten, Frauen, Kinder, Greise, Säuglinge, das sieht aus wie eine gewaltige, aber erbärmliche Wanderbewegung, die sich in der Stadt breitmacht. Auf der Via Veneto, direkt vor dem Fünf-Sterne-Hotel Ambasciatore, steht neben den Stühlen und Tischen, wo man für 6 Mark einen Cappuccino trinken kann, eines dieser Kabelleger-Zelte. Davor sitzt eine Frau und kocht auf einem Petroleumkocher eine Gemüsesuppe. Ein Junge trägt einen Wasserkessel vom nahegelegenen Trinkwasserbrunnen herbei. Im Zelt vier Klappbetten, am Boden ein paar Luftmatratzen, Schlafsäcke. Vor dem Zelt drei Klappstühle, ein Campingtisch. Ein Mann sitzt da und repariert ein Dreirad. Ein anderer steht über den Tisch gebeugt. Er malt ein Schild: Non lavoro, non alloggio, siamo al verde perció siamo rossi, was soviel heißt wie: Keine Arbeit, keine Wohnung, sind blank und darum rot. Siamo al verde hat er in einem giftigen Grün gepinselt und siamo rossi rot. Er betrachtet das Plakat und überlegt einen Augenblick, dann umrandet er die grüne Schrift rot und die rote Schrift grün. Die Schrift beginnt zu tanzen. Am Zelt sind viele Schilder mit Sprüchen und Zeichnungen aufgehängt. In dem Zelt wohnen zwei Familien, arbeitslos, denen man trotz des von den Kommunisten durchgesetzten Mietschutzes die Wohnungen gekündigt hat.

Die Armut verkriecht sich nicht wie bei uns, wo sie als selbstverschuldet empfunden wird, sondern sie setzt sich, weil der Zusammenhang zumindest geahnt wird, gut sichtbar, auf die gepflegten Einkaufsboulevards. Noch steht das da, mit ausgezupften Augenbrauen, Kamelhaarmänteln, Nerzcapes, Krokohandtaschen in den bronzierten Krallen und gafft. Gehen dann ins Ambasciatore zum five-o-clock-tea. Aber von hier nach dort sind es nur ein paar Meter.

Morgens kam Tobias zu uns ins Bett, erzählte, noch schlaftrunken, seinen Traum: Ich hätte heiß geduscht, daraufhin sei ich ganz weich geworden, hätte mich nach allen Seiten biegen und zusammenklappen können und schließlich einen Zopf aus mir geflochten.
Er ließ sich durchkitzeln. Er freut sich schon jetzt auf die Schultüte und auf die Schule.
Ich nahm mir vor, biegsamer zu werden.

D. morgens bei der Schwangerschaftsgymnastik, die Wehen setzten ein. Ich holte die Kinder vom Schulbus ab, brachte sie in die Villa Massimo, lief zum Krankenhaus, da kam mir der Professor schon entgegen: Auguri, sagte er. Sie war da, Giovanna, Johanna, 4 200 Gramm, zum drittenmal in Folge das Kind einer deutschen Frau (die Nähe der Villa Massimo) mit mehr als 4 000 Gramm, und alle drei Steißlagen. Ihm steht noch der Schweiß auf der Stirn: I tedeschi, sagt er und zeigt mit den Händen die Größe an.
D. rotfleckig, die Wimperntusche verschmiert im Gesicht, erschöpft, aber strahlend, und ein Neugeborenes, das tatsächlich grinst.
Es ist der 18. Januar, und vor dem Küchenfenster sind die

ersten Blüten des Mirabellenbaums aufgegangen, kleine weiße, ins Rosa gehende Blüten.

Gramscis Traum

Die Pyramide liegt an der Ostiense, einer jener mit Autos verstopften, stinkenden Ausfallstraßen Roms. Halb in die Stadtmauer eingebaut, die Kaiser Aurelius aus Angst vor den Barbaren 271 um Rom legen ließ, in größter Eile und darum unter Einbeziehung aller schon stehenden Bauwerke, wie auch dieser Marmor-Pyramide, die heute wie ein Vorbote postmoderner Architektur wirkt, ein steinernes Zitat, das sich der Prätor Gaius Cestius ca. 12 v. Chr. als Mausoleum hatte setzen lassen, Beispiel einer damals in Rom weit verbreiteten Begeisterung für Ägypten, das unter Augustus Provinz geworden war.
Hinter der marmornen Pyramide und der sie umschließenden Stadtmauer liegt der protestantische Friedhof, auch Cimetero degli Inglesi genannt.
Hinter der Eingangspforte betritt man, man hört und riecht es, eine andere Welt. Die plötzliche Stille hinter der massigen Aurelianischen Mauer. Der Geruch nach verbranntem Laub und nach Thymian, der in dem verfallenen Mauerwerk wächst. Die Gräber liegen im Schatten hoher Zypressen. Unter einem Maulbeerbaum sitzt ein Mann, grauhaarig, Sandalen an den Füßen. Er pellt ein Ei, liest dabei in dem auf den Knien liegenden Baedeker. Als ich an ihm vorbeigehe, blickt er hoch, nickt mir zu und sagt: Er liegt dort hinten.
Wer?
August v. Goethe. Und Humboldts Söhne weiter oben, bei der Pyramide. Oder wen suchen Sie?
Danke, sage ich und denke, hoffentlich steht er nicht auf.
Er steht auf, das Ei in der Hand, den Baedeker hat er auf die Bank gelegt.
Dort liegt Shelley, sagt er, geht voran und zeigt auf einen

eingefallenen Wehrturm, überschäumt von weißen Rosen. Der Mann winkt mir. Ich muß die Richtung wechseln, dem Mann folgen.
Er ertrank nur wenige Meter vor der Küste. Am Strand hat man Treibholz aufgeschichtet und seinen Leichnam verbrannt. Zuvor aber hatte man sein Herz herausgeschnitten und nach England gebracht. Es liegt in Boscombe.
Sie sind Studienrat?
Ja, sagt er, beißt vom Ei ab, aber schon pensioniert. Er dreht sich um, hat die beiden italienischen Jungen entdeckt, die suchend an den Gräbern entlangschlendern.
Ich muß zu meinen Sachen, sagt er und geht zu der Bank zurück, wo seine Hängetasche liegt und der aufgeklappte Baedeker.
Ich gehe zu dem älteren Teil des Friedhofs hinüber. Der Rasen ist auffallend gepflegt und kurzgemäht. Unten, am Eingang der Pyramide, balgen sich ein paar räudige Katzen um Abfälle, die aus einer aufgeplatzten Plastiktüte quellen.
Keats starb im Januar 1821, an der Piazza di Spagna, in einer Wohnung, die heute Museum ist.
Die Fenster seines Sterbezimmers öffnen sich zur Spanischen Treppe, zu jenen geschwungenen Absätzen, angelegt nicht nur für den ästhetisch genießenden Blick, sondern auch für die Fischweiber und Gemüseträger, die hier ihre Lasten tatsächlich absetzen konnten. Er wird also das Schurren der treppauf- und treppabsteigenden Schuhe gehört haben. Die Stimmen. Das Gelächter. Die Rufe der Händler. Der Scirocco wirft den Sand der Sahara auf Dächer und Straßen und drückt den Rauch in den Kamin, vor dem die beiden kleinen Marmorlöwen liegen, die Schnauzen abgeschlagen, über sich hat er das

verrußte Blattgold der Kassettendecke wie Sternenlicht, das Blut quillt ihm aus dem Mund, er würgt und hustet, an diesem 12. Januar 1821, ein schwefelgelber Himmel.
Do not look so sad, sweet one –
Sad and fadingly;
Shed one drop, then it is gone,
O't was born to die.
Als Keats starb, verhandelte der Magistrat der Stadt Rom gerade mit dem Kardinal-Staatssekretär über einen ummauerten Friedhof in der Nähe der Stadt, in der bis Ende des 18. Jahrhunderts, mit Ausnahme der römischen Juden, keine Nicht-Katholiken begraben werden durften. So entstand auf diesem Stück Ödland an der Aurelianischen Mauer, zwischen Stadt und offener Campagna, wo immer wieder verwilderte Hunde Gräber aufwühlten, der Cimitero degli Inglesi.
Ich kann keinen Grabstein mit seinem Namen finden. Den pensionierten Studienrat mag ich nicht fragen. Als ich nochmals an den Steinen vorbeigehe, entdecke ich einen mit der Aufschrift: Here lies one whose name was writ in water.
Erst später hörte ich – es steht in keinem der Rom-Führer –, daß auch Gramsci auf dem protestantischen Friedhof begraben liegt. Zwischen all diesen fremden Namen und den fernen Geburtsorten steht da: *Gramsci, Ales 1891 – Roma 1937.* Und davor, auf einer Steinkiste: *Cinera Antonii Gramscii,* die Asche des Antonio Gramsci.

Ein Zug fährt von Turi in Apulien nach Formia in den Norden. In einem Abteil, dessen Tür durch eine Kette versperrt ist, sitzt ein Mann am Fenster, schräg gegenüber ein Carabiniere. Zwei Carabinieri bewachen draußen auf dem Gang die Abteiltür. Sie beobachten den Mann, der

mit so viel Aufwand durch Italien transportiert wird. Ein Staatsgefangener. Dick ist dieser Mann und klein, Brust und Rücken sind buckelig verwachsen, der Kopf sitzt ohne Hals auf dem Rumpf, das Gesicht ist bleich, aufgedunsen, das Haar grau. Eines seiner ovalen Brillengläser ist wie von einem Schlag oder Sturz abgesplittert. Er sitzt und schreibt einen Brief. Hin und wieder wird er von krampfhaften Hustenanfällen geschüttelt. Er schreibt an seine Mutter, die schon seit einem Jahr tot ist. Manchmal blickt er hinaus.
Es war ein schrecklicher Eindruck für mich, als ich im Zug saß und sah, daß in sechs Jahren, in denen ich immer nur dieselben Dächer, dieselben Mauern und dieselben finsteren Gesichter gesehen hatte, das Leben weitergegangen war, daß die Wiesen, Wälder, Menschen, die Kinderscharen, Bäume und Gärten immer noch existierten. Aber das war nichts im Vergleich zu dem Schock, den ich bekam, als ich mich nach so langer Zeit im Spiegel sah.
Ein Gesicht, dem man – so auf dem 1933 gemachten Gefängnisfoto – die sechsjährige Haft ansieht, diese naßkalte Zelle in Turi, die direkt neben dem Wachbüro lag, in dem Tag und Nacht die Türen knallten, Befehle und Rufe hallten, Schritte der Gefangenen und der Wärter auf dem Gang, wochenlange, monatelange Schlaflosigkeit, Tage und Nächte, in denen er in der Zelle auf und ab ging und nachdachte über das Inferno in der *Göttlichen Komödie*, über die Beschlüsse des Komintern in Moskau, über historische und normative Grammatik, über Volkslieder, melodramatischen Geschmack, über Balzac, die Gebrüder Grimm, Pirandello, Tolstoi, über Feminismus und Sexualität, über Machiavelli und Marx, und dann seine Notizen machte, Anmerkungen, kleine und größere Aufsätze schrieb, fast ohne Streichungen und Änderungen.

So entstanden die *Quaderni del carcere,* die Gefängnishefte, 36 Hefte, insgesamt 2 848 Seiten, entstanden in dieser sechs mal sechs Meter großen Zelle, geschrieben gegen den Stumpfsinn der Zeit, die in ihrer Monotonie nur auf sich selbst verwies, auf das Vergehen. Zugleich war es der Versuch, die beschränkten sinnlichen Wahrnehmungen zu erweitern, ja, die eigene, doppelt behinderte Existenz intelligibel zu überwinden, denn da waren neben den sozialen Entzugserscheinungen – der Trennung von seiner Frau, seinen beiden Kindern, seiner Familie, seinen Genossen – auch die körperlichen Gebrechen, die wiederkehrenden Schwindelanfälle, die Depressionen, die rasenden Kopfschmerzen, Blutstürze. Dieser kleine, mißgebildete und von Krankheiten geschüttelte Körper trug einen engelhaft schönen Kopf mit einem mächtigen Willen.
Es war eine frühe Erfahrung Gramscis, daß Leiden zum Leben gehört. Der Dreijährige wurde, als sich die Mißbildungen an Brust und Rücken zeigten, an die Decke gehängt, mit Gewichten an den Füßen, so hofften seine Eltern, ihn in die Länge und gerade strecken zu können. Und er machte zugleich die Erfahrung, daß es über dieses nicht änderbare, weil zum Leben gehörige Leid hinaus noch ein anderes, unnötiges Leid gibt: Hunger, Not, Folter, Mord, und ein Leid, das aus sozialer Deklassierung entspringt. Der Vater Gramscis, ein kleiner Beamter, kam wegen einer verwickelten Bestechungsaffäre, die ihm angelastet wurde, ins Gefängnis. Die Mutter mußte in dem kleinen sardischen Ort Ghilarza die fünf Kinder allein aufziehen, das bedeutete nicht nur Armut, sondern auch soziale Ausgrenzung.
So begann die Schulzeit mit dem ständigen Kampf um Noten, um Stipendien, um Geld, der sich dann, als

Gramsci nach Turin ging, um dort Philologie zu studieren, fortsetzte, eine durch Hunger, Kälte sich buchstäblich am Wahnsinn entlangarbeitende Anstrengung.
1911 war ich vor Kälte und Unterernährung schwer krank und phantasierte von einer riesigen Spinne, die nachts auf der Lauer läge, um herabzustoßen und mir das Gehirn auszusaugen.
Gramscis Schlaflosigkeit, die ihn schon damals quälte, findet so ihre traumatische Erklärung: Es galt wach zu bleiben, um zu überleben.
Und etwas von diesem *Wachbleibenmüssen* steckt in seinem Denken und in seiner revolutionären Theorie, die immer wieder das Bewußtsein und das Selbst-bewußt-Werden in den Mittelpunkt stellt.
Der Mensch ist vor allem Geist, geschichtliche Schöpfung, und nicht Natur.
Ein Satz, den ich irgendwo zitiert fand und der meine Neugierde weckte, weil er eher von Hegel inspiriert zu sein schien als von Marx, der dann aber im Kontext, eine überraschende Begründung erfährt, denn Gramsci schreibt:
Der Mensch ist vor allem Geist, geschichtliche Schöpfung, und nicht Natur. Sonst ließe sich nicht erklären, warum der Sozialismus noch nicht verwirklicht ist, obwohl es immer Ausgebeutete und Ausbeuter, immer Produzenten von Reichtum und egoistische Konsumenten dieses Reichtums gegeben hat. Das heißt, daß die Menschheit nur Schritt für Schritt, Schicht um Schicht das Bewußtsein des eigenen Werts erlangt hat ... Und dieses Bewußtsein hat sich nicht aus den primitiven physischen Bedürfnissen entwickelt. Vielmehr haben zuerst einige wenige und dann die ganze Klasse über die Ursachen bestimmter Verhältnisse und über die besten Mittel nachgedacht, wie sie sich

gegen die Unterdrückung auflehnen und die Gesellschaft neu aufbauen könnten.
Gramsci war, als er diesen Aufsatz schrieb, 25 Jahre alt. Es war eine Absage an einen damals grassierenden – es gibt ihn auch heute noch – dumpfen Ökonomismus, der glaubt, eine revolutionäre Entwicklung sei Folge der Verelendung, zwangsläufiges Resultat eines von Krisen geschüttelten Kapitalismus. Der Sieg des Sozialismus sei gewiß, man müsse nur warten, bis alles zusammenstürze.
Gramscis Namen hörte ich erstmals 1968. Das Hauptgebäude der Universität in München war besetzt worden. In den Seminarräumen und Vorlesungssälen tagten Arbeitsgruppen. Es wurde referiert und diskutiert über Befreiungsbewegungen in der Dritten Welt, über eine demokratische Psychiatrie, über Möglichkeiten einer Gegen-Öffentlichkeit, über systemkonforme und -kritische Wissenschaftsmethoden; es war ein ständiges Kommen und Gehen, denn draußen im Lichthof der Uni wurde die Besetzung gefeiert, mit Würstchen, Bier und Revolutionsliedern, zwischendurch wurden Reden von den Emporen gehalten, eine Kapelle spielte, es wurde getanzt.
In einem Arbeitskreis über revolutionäre Strategien erwähnte irgend jemand Gramsci und redete ziemlich lang und abstrakt über dessen Hegemonialtheorie. Da stand eine Italienerin auf, sagte, sie wolle etwas sagen und begann zu singen. Sie sang, in diesem öden, mit hölzernen Klappsitzen ausgerüsteten Hörsaal, ein italienisches Revolutionslied. Zunächst waren alle überrascht, dann, erst einige und leise, schließlich mehr und mehr und immer lauter, klatschten wir Zuhörer den Rhythmus mit. Die Italienerin setzte sich wieder hin. Man wartete auf eine Erklärung, aber sie sagte nichts. Eine Gesangseinlage.

Man ging dann schnell wieder zu den kategorialen Bestimmungen der Kapitalverwertung über.
Erst jetzt ging mir auf, daß dieser Auftritt vielleicht doch noch eine andere Bedeutung gehabt haben könnte, vielleicht war es ein Hinweis auf das Ziel all unserer Überlegungen und auf die Art und Weise, wie wir dorthin kommen könnten. Vielleicht war das weit schwieriger in Worte zu kleiden: Wie soll man sich *gegen die Unterdrückung auflehnen und die Gesellschaft neu aufbauen?*
Für den jungen Gramsci, der sein Studium der Philologie kurz vor der Prüfung aufgegeben hatte, um Berufsrevolutionär zu werden, war die Rätebewegung unter den Turiner Arbeitern eine prägende Erfahrung. Er war als Redakteur der kleinen Zeitschrift *L'Ordine Nuovo*, Sprachrohr des linken Flügels der PCI, maßgeblich daran beteiligt.
Im Sommer 1920 war es zu einem Generalstreik in Turin gekommen. Die Fabriken wurden nicht nur bestreikt, sondern man nahm, und das war neu, unter Regie der Arbeiterräte die Produktion wieder auf. Am Schreibtisch Agnellis saß ein gewählter Arbeiter, Giovanni Parodi. Die FIAT-Werke produzierten weiter, solange die Materialvorräte reichten. Das war eine über Jahrzehnte zentrale Erfahrung für die italienischen Arbeiter. Sie hatten gezeigt: Der Padrone war überflüssig. Zugleich wurde deutlich, daß mehrheitliche Entscheidungen – auch im Produktionsprozeß – nicht gleichbedeutend mit Chaos waren. Die bestimmende Erfahrung für Gramsci aus dieser Zeit war, daß es auf die freiwillige, bewußte Beteiligung der Arbeiter am politischen Kampf ankommt. Ohne Basisdemokratie gibt es keinen lebendigen, die Bedürfnisse der Arbeiter berücksichtigenden Sozialismus, höchstens einen bürokratisch erstarrten.

Gramsci, der im Jahr 1921 zusammen mit Togliatti und Tasca die Kommunistische Partei Italiens gegründet hatte und sie in den Jahren von 1924–1927 leitete, untersuchte in zahlreichen Abhandlungen, wie es der Bourgeoisie gelungen war, ihre Macht so abzusichern, daß sie trotz vieler und sich häufender Krisen bei der Mehrheit der Bevölkerung, die ja nicht allein durch den Machtapparat des Staates in Schach gehalten wurde, Zustimmung oder Duldung erreichen konnte. Es gab einen Konsens, den viele kommunistische Theoretiker lediglich als Dummheit oder Verstocktheit der Bevölkerung verstanden und den sie ihr darum mit den Kopfnüssen der Agitation auszutreiben versuchten.

Wie und wo findet die Arbeiterklasse Bündnispartner? Für Gramsci war das die zentrale politische Frage, der er unter dem Eindruck der wachsenden faschistischen Macht in seiner unvollendeten Schrift *Die süditalienische Frage* nachgegangen ist; sie hat bis heute nichts von ihrer Bedeutung verloren, will man die italienischen Verhältnisse verstehen.

Süditalien ist mit seiner überwiegend bäuerlichen Bevölkerung ein konservativ-klerikales Bollwerk gegen jede gesellschaftliche Veränderung. Warum vertreten die Bauern die Interessen der Großgrundbesitzer, fragt Gramsci, obwohl es doch objektiv gar nicht die ihren sind?

Gramscis Antwort: Die mittlere Intelligenz verschleiert die tatsächlichen Macht- und Besitzverhältnisse. All die Lehrer, Notare, Redakteure, Journalisten tragen die Herrschaftsideologie, die von den *großen Intellektuellen* erarbeitet worden ist, insbesondere von dem liberalen Philosophen Benedetto Croce, in die Bevölkerung. Will man also die Bauern im Süden Italiens als Bündnispartner gewinnen, muß sich erst eine neue mittlere, also auch ver-

mittelnde Intelligenz herausbilden, die nicht für die herrschende Klasse denkt und arbeitet.
1924 war er aus Moskau, wo er die PCI im Komintern vertreten und wo er auch seine Frau Julia Schuch kennengelernt hatte, in das inzwischen faschistische Italien zurückgekehrt. Er sollte die Leitung der Partei von dem im Gefängnis eingesperrten und abgesetzten Vorsitzenden Bordiga übernehmen.
Die PCI war in einem desolaten Zustand, in einen linken und rechten Flügel zerstritten, zwar noch in der Legalität, wurde aber von faschistischen Rollkommandos mit Terroranschlägen verfolgt.
Gramsci versuchte die Partei neu zu organisieren, eine neue, gegen den Faschismus gerichtete Strategie zu entwickeln, er reiste von Parteiversammlung zu Parteiversammlung, von Regionalparteitag zu Regionalparteitag, diskutierte, schrieb Thesenpapiere, übersetzte, redete im Parlament, schrieb *Die süditalienische Frage* – all das war eine immense Arbeit, erklärbar nur durch dieses *Wachbleibenmüssen*.
Im Herbst 1925 kamen Gramscis Frau Julia und sein Sohn Delio von Moskau nach Rom. Es ist anrührend, wie dieser durch Arbeit überlastete und von Angriffen der Faschisten bedrohte Mann noch die Ruhe fand, mit seinem Sohn zu spielen. Er versuchte, ihn etwas Sardisch zu lehren. *Ich wollte ihm beibringen, Lassa sa figu, puzzone (Vogel, friß die Feige nicht) zu singen, aber besonders die Tanten haben sich energisch dagegen gewehrt.*
Im August 1926 reiste Julia, die wieder schwanger war, nach Moskau zurück, im September folgte ihr Delio.
Gramsci sollte beide nicht wiedersehen.
Am 8. November 1926 wurde er verhaftet, verlor sein Mandat als Abgeordneter und wurde im Juni 1927 zu

20 Jahren, vier Monaten und fünf Tagen Gefängnis verurteilt. Damit begann ein zehnjähriger Leidensweg.
Paradoxerweise fand er in einem faschistischen Kerker, was ihm zuvor gefehlt hatte, Zeit, um seine revolutionäre Theorie auszuarbeiten.
Er untersuchte, was zum Machterhalt einer Klasse gehört: daß sie gleichermaßen herrschend (dominante) und führend (dirigente) ist, wobei zum Herrschen auch die reale Macht gehört, der Staatsapparat; das Führen wiederum setzt eine ideologische Konzeption der herrschenden Klasse voraus, die den Konsens zwischen Herrschenden und Beherrschten bewirkt.
In einer sozialistischen Gesellschaft müsse die nun dominierende Klasse ebenfalls beides sein, herrschend und führend, es sei also nicht ausreichend – was noch heute in den Köpfen vieler Kommunisten herumgeistert – einfach die Macht zu erobern, um sie dann in Form der Diktatur des Proletariats zu verteidigen, sondern sie sollte »überzeugend« gewonnen werden, durch eine Konsensbildung, und zwar schon vor der Revolution. (Hier ist eine der Wurzeln für jenen Historischen Kompromiß zu suchen, den Berlinguer später propagierte und der – möglicherweise – durch die Ermordung Aldo Moros nicht zustande kam.)
Für Gramsci war die russische Revolution eine Ausnahme, untypisch und in dieser Form einmalig. Sie konnte nur darum erfolgreich sein, weil der Zarismus nicht im Konsens mit der Bevölkerung war und das Bürgertum noch keine verbindliche liberale Ideologie ausgebildet hatte. In den westlichen Staaten aber wurde die bürgerliche Ideologie von einer breiten Mehrheit in der Bevölkerung getragen, auch von Teilen des Proletariats, was das hochentwickelte kapitalistische System resistent

gegenüber den katastrophenhaften ökonomischen Einbrüchen machte. Der Staat ist, schreibt Gramsci, *ein vorgeschobener Schützengraben mit massiv verbunkerten Festungsanlagen im Rücken.* Die Festungsanlagen sind die Lebens- und Denkweisen, die Bedürfnisse, die Moral, die Sitten, kurz das Alltagsbewußtsein.
Zugleich beschäftigte Gramsci die Frage, wie sich denn neue Bedürfnisse, eine neue Moral, neue Lebensweisen, neue Sitten herausbilden könnten.
Bezeichnenderweise nahm Gramsci in der Auseinandersetzung zwischen Stalin und Trotzki 1926 nicht, wie der spätere PCI-Generalsekretär Togliatti, für Stalin Partei, sondern verlangte in einem Brief aus dem Kerker, daß die unterschiedlichen Einschätzungen ausdiskutiert werden müßten, daß man notfalls auch den Dissens ertragen müsse, vor allem, *daß die Mehrheit des ZK der KPdSU ihren Sieg nicht mißbraucht und bereit ist, auf exzessive Maßnahmen zu verzichten.*
Offensichtlich schätzte Gramsci Stalin, den er ja persönlich kannte, psychologisch richtig ein. Und die späteren »Säuberungswellen« gaben den Befürchtungen Gramscis recht.
Stalin vergaß diesen Brief Gramscis nicht. Als 1932 die Möglichkeit bestand, Gramsci gegen in der UdSSR inhaftierte katholische Bischöfe auszutauschen, ließ Stalin Gramsci, wo er war: im Kerker des faschistischen Italiens.
Tatsächlich steht Gramscis politisches Denken im Gegensatz zur stalinistischen Politik in der Komintern und damit auch zu den Führungen fast aller damaligen kommunistischen Parteien.
Es war die Zeit, in der ein ebenso schlichter wie jedes Denken niederschlagender Satz von Thälmann umging:

Den Kommunisten erkennt man an seiner Haltung zur Sowjetunion.

Ein Satz, der eine verfehlte Politik unfreiwillig auf den Begriff brachte, ein Satz, der jede Dialektik stornierte und die politische Arbeit der kommunistischen Partei ohne Widerspruch dem Urteil Moskaus unterwarf.

Dieser Satz wurde gut vierzig Jahre später, Mitte der siebziger Jahre, in der kleinen kommunistischen Partei der BRD wieder als Lackmustest benutzt.

Aber das politische Engagement hatte, jedenfalls für mich, woanders seinen Anfang genommen.

Wir standen an den Landungsbrücken im Hamburger Hafen, H. mit einer kolossalen Ballonmütze in den Farben Vietnams auf dem Kopf, und verteilten Flugblätter an die Arbeiter, die zur Frühschicht fuhren.

Wir staunten nicht schlecht (es war am Anfang der Studentenbewegung), als kaum einer der Arbeiter die Flugblätter haben wollte. Arbeiten sollten wir gehen, und wenn wir gewollt hätten, hätten wir auch jede Menge Prügel beziehen können. Wir hätten nur ja sagen müssen.

Wir waren, wie man das damals nannte, stark frustriert.

Wir hatten die Nacht über an diesem Flugblatt getüftelt und es dann abgezogen, durchaus keines dieser dummdreisten Pamphlete, in denen die Arbeiter zum Generalstreik befohlen wurden. Es war ein Flugblatt, das einige der Ziele der Studentenbewegung zu erklären versuchte, zugegeben in einer etwas flapsigen Sprache, die der Form der Mütze entsprach, aber es sollte ja gerade kein politischer Stehsatz an den Mann gebracht werden.

Denn im Kampf für eine neue und damit gegen die alte Gesellschaft brauchte man eine andere, unverbrauchte Sprache, es sollten sich ja auch neue, und zwar alle Lebensbereiche umfassende Bedürfnisse herausbilden, nicht irgendwann später, nach der Revolution, sondern schon hier und jetzt: neue gleichberechtigte Beziehungen zwischen den Geschlechtern, Verzicht auf unnötigen Konsum, eine neue Pädagogik, die auf repressive und autoritäre Einübungen verzichtet, der Versuch, die Literatur aus ihrem Elfenbeinturm zu befreien, die Wissenschaften an der Entscheidung über die Verwertung ihrer Ergebnisse zu beteiligen, also ihre Forschungsziele nach den Bedürfnissen der Menschen und nicht nach der profitablen Verwertbarkeit auszurichten, vor allem sollte eine gerechtere Verteilung der Reichtümer dieser Welt erreicht werden, indem die chaotischen kapitalistischen Produktionsverhältnisse abgeschafft wurden, denen nicht nur die Armut der Dritten Welt geschuldet war, sondern mit dem Wohlstand auch das psychische Elend im eigenen Land. So war es zu all den Arbeitsgruppen gekommen, die sich auch noch der alltäglichen Dinge und Berufe annahmen: die Patientenkollektive, die AG kritischer Apotheker, die marxistischen Maschinenbauer, das Kollektiv revolutionärer Architekten, die radikalen Kindergruppen, die revolutionäre Schwulen AG.

Kurios erscheint das heute nur einem ermüdet abgeklärten Denken – denn all die Gruppen, AGs, AOs wollten ja nicht nur irgend etwas verbessern, Korrekturen vornehmen, ein paar scharfe Kanten der Gesellschaft abschleifen, mehr Lohn, kürzere Arbeitszeiten, sondern sie wollten etwas ganz Neues, qualitativ andere, emanzipierte Lebensformen, also erweiterte Bedürfnisse, eben das, was Gramsci für eine kommunistische Bewegung verlangt hatte, die Schaffung neuer menschlicher Bedürfnisse, einer neuen Lebensweise, die nicht mehr auf Ungleichheit und Ausbeutung beruht.

Das war nicht konsensfähig, zu deutlich schimmerte in

diesen Forderungen durch, daß sie von Kindern der Mittelschicht kamen, zu eindeutig war, daß eine grundlegende Änderung nur möglich war, indem Privilegien, etwa durch Konsumverzicht, aufgegeben würden, und zu ungeklärt war der Weg, der zu diesem Ziel führen sollte.
Die Enttäuschung über das Scheitern all dieser Träume führte etliche der Engagées von 68 in die Anpassung, viele in die Resignation, einige in den Untergrund oder in eine der kleinen marxistischen Gruppen.
Einige Jahre lang haben wir vor einem Münchner Großbetrieb Flugblätter und eine Betriebszeitung verteilt. Frühmorgens – ich meine das ganz undramatisch, ich bin Frühaufsteher – standen wir da, drei Mann, drei Doktoren, drei in Orchideenfächern promovierte Leute, der erste ein Byzantinist, der zweite ein Archäologe, der dritte ein Philosoph, wir standen also da und verteilten die Betriebszeitung, die zuerst niemand annehmen wollte, dann wurde sie schweigend genommen, später wurden wir gegrüßt, es ging voran, sagten wir uns, auch wenn die meisten Zeitungen in den Papierkorb wanderten, schon begrüßte man einige mit Namen, und einer, ein besonders netter älterer Mann, sagte, als wieder einmal irgendeine Kommunalwahl anstand: Wißt ihr, warum mir euch net wählen? Nee? Weil wir euch dann nimmer loswerden.
Wie sollte der Sozialismus aussehen?
Die Sozialisten dürfen nicht eine Ordnung durch eine andere ersetzen. Sie müssen die Ordnung an sich errichten. Die rechtliche Maxime, die sie verwirklichen wollen, heißt die Möglichkeit der vollständigen Verwirklichung der eigenen Persönlichkeit für alle Staatsbürger. Mit der Verwirklichung dieser Maxime fallen alle bestehenden Privilegien. Sie führt zu einem Maximum an Freiheit bei einem Minimum an Zwang. (Tre principi, tre ordini)

Aber eben das konnte, das durfte nie vermittelt werden, und hier lag denn auch die Sollbruchstelle für viele, die sich Anfang der 70er Jahre in der kommunistischen Partei organisiert hatten oder ihr nahestanden. Der Sozialismus wurde nicht als eine Erweiterung hiesiger fortschrittlicher Möglichkeiten gezeigt, sondern aus der Realität des angeblich vorbildlichen DDR-Sozialismus abgeleitet. Der aber war in der westdeutschen Bevölkerung, aus guten Gründen, nicht konsensfähig. (So wie man sich bei einer prinzipiellen Zustimmung zur Zensur oder gar Ausbürgerung nur noch Bündnispartner unter Intellektuellen suchen kann, die Masochisten sind.)
Die Verstaatlichung der Produktionsmittel garantiert eben noch nicht eine neue, qualitativ andere Lebensform. So wenig wie eine bloße Steigerung des Konsums dem Sozialismus Zustimmung bringt, zumal jeder weiß, daß der Trabbi den BMW in den nächsten zwanzig Jahren nicht einholen wird. (Was ja auf eine andere, nicht beabsichtigte Weise wiederum gut ist.) Das Bedürfnis nach einer gesellschaftlichen Veränderung ist nur denkbar, indem man andere, weiter entfaltete menschliche Beziehungen aufzeigt, aber auch die Bedingungen, unter denen heute emanzipiertere Lebensformen möglich wären.
Das alles wissend, und nicht nur besserwissend, sondern auch aus Erfahrung, bleibt doch die Frage, was tun? Denn die Probleme sind, weil sich momentan keine Lösung abzeichnet, nicht aus der Welt, wie auch nicht der Wunsch, daß jene freundlicher, gerechter, freier, und zwar für alle, werden möge.
So bleibt, weil augenblicklich keine grundlegende Veränderung in Sicht ist und man selbst keine Antwort weiß, sich aber gerade damit nicht abfinden kann, nur dies:

Wut (eine lange hoffentlich), die Arbeit und – es gibt kein anderes Wort – Trauer. Und in der Arbeit – die Rede ist von der literarischen – müßte zumindest die Trauer mit aufgehoben sein.

Der traditionelle Marxismus hat immer wieder die ökonomischen Krisen in Hinblick auf ihre revolutionäre Funktion untersucht, interessanter wäre zu fragen, wie der entwickelte Kapitalismus die Krisen, die zu einer revolutionären Lösung drängen könnten, bewältigt.

Die Verhältnisse sind mit einer soliden Fettschicht der Zufriedenheit abgepolstert. Möglicherweise ist es aber auch Kummerspeck, den die Gesellschaft sich angefuttert hat, weil andere Wünsche verdrängt werden. Wäre das nicht die Aufgabe von Literatur, die sich politisch versteht, das kollektiv Verdrängte ins Bewußtsein zu heben und die geheimen Wünsche zu erforschen, indem sie die Bedürfnisse zur Sprache bringt, die Alltagsgewohnheiten mit dem Blick des Ethnologen studiert?

Literatur, die sich nicht schöngeistig mit den bestehenden Verhältnissen versöhnt, müßte *sinnliche Aufklärung* sein, könnte in der Sprache und mit der Sprache, wie Gramsci schreibt, *den Zusammenbruch des Banalen, die Zerstörung von Gefühlen und Meinungen verursachen.*

Literatur könnte, weil sie dem Subjekt neue Möglichkeiten – kognitive und emotionale – gegenüber dem juste milieu einräumt, diesem alltäglichen, überall zudringlichen Gerede, Gebrabbel, Geschrei, dem Zureden, Bereden, Herumreden und Überreden, also dieser von der Macht und den Herrschaftsinteressen in die Pflicht genommenen Sprache, entgegentreten und einen Freiraum schaffen.

In Zeiten, in denen Abdunklung angesagt ist, könnte Literatur, die nicht selbst zur Verdunkelung beitragen will, etwas lustvoll Subversives haben. Kinder, die im Dunkeln eingeschlossen sind, pfeifen. Oder auf Gomera, wo man über die Schluchten hinweg sich mit der Pfeifsprache verständigen kann, während die dummen Touristen danebenstehen und nichts verstehen. Oder im Norden Kameruns, wo die Savanne mit einem hohen, messerscharfen Steppengras bestanden ist, wurden die vorrückenden deutschen Kolonialtruppen plötzlich von Afrikanern angegriffen, die überall und nirgends waren, von denen man nichts hörte als ein Pfeifen, ein Pfeifen, das keiner der den Deutschen dienenden Dolmetscher verstehen konnte, mit dem sich aber die Angreifer so exakt verständigten, daß immer wieder die schwächsten Abteilungen attackiert, die stärksten in die Irre geleitet wurden, bis die Deutschen sich zurückzogen.

Etwas von alldem wird engagierte Literatur haben: etwas von dem Kind, das im Dunklen pfeift, von der wunderschönen Pfeifsprache der Kanaren, von dem subversiven Pfeifen derer, die sich, im Steppengras versteckt, auf die Unterdrücker aufmerksam machen.

Ein Satz brachte mich dazu, mich mit Gramscis Biographie zu beschäftigen, ein Satz, den er im Kerker auf das Deckblatt von Heft 18 geschrieben hat, ein Satz, wie wir ihn uns auch von Rosa Luxemburg vorstellen könnten: *Die Aufzeichnungen in diesem und den anderen Heften wurden unredigiert niedergeschrieben und sollen nur als Anhaltspunkte dienen. Sie sind alle genau zu überarbeiten und zu überprüfen, denn sie enthalten sicherlich Ungenauigkeiten, Fehler und Anachronismen. Da sie ohne die Bücher geschrieben worden sind, auf die sie sich beziehen, kann es sein, daß sich gerade das Gegenteil des Geschriebenen als richtig erweist.*

Das ist der beste Teil marxistischer Tradition, daß sie sich durch neue, andere Information korrigiert, ihre Aussagen bei neueren Erkenntnissen revidiert, ohne die andere, falsche Position zu verschweigen, zu verdrängen oder umzubiegen, und nur in diesem Sinn wäre auch eine neue politische Konzeption möglich, die das mit aufhebt, was Gramsci repräsentierte – oder Rosa Luxemburg, die nicht nur theoretisch, sondern auch in ihrem Lebens- und Leidensweg so viele Ähnlichkeiten mit dem italienischen Genossen aufweist – diese Glaubwürdigkeit, für die sein Martyrium steht, die intellektuelle Redlichkeit, die es ihm verbot, die Dinge sophistisch zurechtzubiegen, die moralische Integrität, mit der er stets die Motive auch seiner politischen Gegner zu verstehen suchte, und die Überzeugung, daß eben nicht jedes Mittel recht ist, um das politische Ziel zu erreichen, weil dann die neue Gesellschaft nicht nur die Muttermale der alten trägt, sondern auch das Kainsmal, indem sie selbst das erzeugt, was sie ja tilgen wollte, das unnötige Leid, die von Menschen den Menschen zugefügte Qual. Denn selbstverständlich gibt es eine revolutionäre Moral, die über die Revolution als letzten Zweck hinausweist.

Die Selbstverwirklichung, die persönliche Freiheit, das individuelle Glück, das alles ist ja nicht nur ein Wechsel auf spätere bessere Zeiten, sondern der Anspruch an diesen unwiederbringlichen Augenblick.

Gramsci in seiner Zelle bei der Arbeit, getrennt von seiner Frau, seinen beiden Söhnen, seiner Familie und seinen Freunden, abgetrennt auch von der politischen Arbeit und von seiner Partei, die auf 3 000 Mitglieder zusammengeschmolzen ist, eine Partei, die im Untergrund kämpft und auf der Stalins Schatten liegt, Gramsci, der ruhelos in dieser Zelle auf und ab geht, gequält von rasenden Kopfschmerzen, Husten, Arthritis, der, wenn er einen Satz im Kopf ausformuliert hat, ihn an seinem Stehpult niederschreibt, ohne Verbesserungen und Streichungen, der mit der Akribie des Linguisten die Entstehung des Alltagsbewußtseins untersucht, eine Studie über Sprache und deren Determination, die Genesis von Ideologien, Sitten und Gebräuchen erstellt, über Novalis schreibt, über Shakespeare, über Conan Doyle, Pindar, Dumas, Goethe, die Gebrüder Grimm, Pirandello und Ungaretti, der, weil er keine explizit politischen Texte schreiben darf, in den 2 848 Seiten umfassenden Gefängnisheften, eine gigantische Untersuchung hinterläßt, eine Geschichte der Mentalitäten, eine Flaschenpost, die dann Jahre, Jahrzehnte später ihre Adressaten findet, entziffert wird und hilft, daß die italienische kommunistische Partei einmal zur größten Partei in Italien und zur stärksten kommunistischen Partei im Westen werden kann.

Für die heutige schwierige Situation der PCI sind sicherlich keine Rezepte aus Gramsci abzulesen, aber aufgenommen werden kann seine Methode, das Bewußtsein zu erforschen, seine Absage an jeden Determinismus und Ökonomismus, seine Erkenntnis, daß Kultur und Bewußtseinsprozesse flexibel, also auch beeinflußbar sind, mit eben diesem Ziel im Progreß: *So hat die Menschheit nur allmählich, eine Schicht nach der anderen, ein Bewußtsein ihres eigenen Werts erlangt ...*

Und so wären auch unsere Erfahrungen in den vergangenen zwanzig Jahren, seit 67, zu verstehen, Erfolge wie Fehlschläge, Hoffnungen wie Enttäuschungen: Schichten eines Bewußtseinsprozesses.

Am 7. Dezember 1933 kommt Gramsci in Formia in der Klinik an. Er darf jetzt einmal in der Woche im Garten spazierengehen, aber in seinem Zimmer sitzt ständig eine Wache. Unter deren Augen schreibt er weiter.

Im Oktober 1934 befahl Mussolini – und das war eine Reaktion auf den internationalen Protest – eine Haftverschonung. Der Carabiniere wurde aus dem Zimmer abgezogen. Gramsci hatte erstmals seit zehn Jahren die Möglichkeit, frei auszugehen. Aber er konnte sie nicht mehr nutzen. Er hatte Lungentuberkulose, Angina, Pott'sche Krankheit und schwere Gicht. Im August 1935 wird er in die Klinik *Quissisana* nach Rom gebracht.
Er schreibt Julia, seiner Frau, die mit seinen Söhnen Delio und Giuliano, den er nie gesehen hat, in Rußland lebt. Er bittet sie, nach Italien zu kommen. Sie schweigt. Ein schwer verstehbares Schweigen. Sie schreibt monatelang keine Briefe, während sich ihre Schwester Tatjana um Gramsci kümmert, ihm nachreist, dorthin, wo er gerade gefangengehalten wird. Zieht in das kleine apulische Kaff Turi, das ganz von dem Gefängnis dominiert wird, besucht ihn, schreibt Briefe, macht Eingaben und versucht, den Kontakt nach außen aufrechtzuerhalten, zu all den anderen Freunden, Genossen, Verwandten, ein Leben, das sich im Dienst für Nino aufopfert. Es ist eine jener Merkwürdigkeiten und Unerklärlichkeiten der Gefühle, die, wie Sexualität, sich nicht dem Willen unterwerfen lassen, jenes Residuum der Natur, der Wildnis, die sich dem von Gramsci errichteten intelligiblen Kosmos entzieht.
Der Mensch ist vor allem Geist, geschichtliche Schöpfung, und nicht Natur.
Dieses merkwürdig komplizierte Beziehungsgeflecht, Gramsci, der diese schöne, psychisch labile Julia liebt, die eigentümlich fern und ungerührt bleibt, während er von Tatjana geliebt wird, eine Liebe, die sich durch Stetigkeit, Mühe, Arbeit und eine bewundernswerte Geduld auszeichnet, die aber von ihm nicht erwidert werden kann.

Am 21. April 1937 war die Haftzeit Gramscis beendet, und er hätte, was er plante, nach Ghilarza auf Sardinien zurückkehren können, zu seinem Vater und zu seiner Mutter, wie er dachte, denn niemand hatte ihm vom Tod seiner Mutter berichtet. Am 27. April starb er, sechsundvierzig Jahre alt. Am 28. wurde er beerdigt, hier auf dem protestantischen Friedhof. Ein schweres Gewitter ging nieder. Nur zwei Menschen folgten in einem Wagen seinem Sarg, Tatjana und sein Bruder Carlo.
Gramsci liegt in der letzten Reihe neben einem englischen Bildhauer am Rande des Friedhofs. Es ist ein einfaches Grab, ein Granitstein mit Efeu bewachsen. Davor eine kleine steinerne Kiste: Gramscis Asche. Auf dem Stein liegen ein Strauß verwelkter Nelken mit einer roten Schleife und ein kleines Herz aus Wachs, wie es in den italienischen Dorfkirchen aufgehängt wird.
Man kann das Grab schnell finden, fast immer stehen ein paar Italiener dort, Junge, Alte, Intellektuelle, auch solche, die gerade aus einem Abruzzendorf gekommen sein könnten oder aus einer Fabrik.
Ich habe ein Foto von ihm gesehen: Er liegt in einem dunklen Anzug aufgebahrt, seine verwachsene Brust ragt empor, die Hände liegen auf dem Leib, die linke offen, die rechte zur Faust geballt. Sein Haar ist grau, aber die buschigen Augenbrauen sind noch dunkel. Er sieht aus, als blase er die Backen auf, so wie ein Kind, das die Luft anhält und dabei zählt, bis es – endlich – befreit ausatmen kann.

Caravaggio oder die Emanzipation des Sehens

Auf dem Fensterbrett liegt ein Stück Granit, die Bruchflächen von einem eigentümlichen Rotbraun, die zwei glattgemeißelten Außenflächen sind grau verwittert. Es ist ein Stück Gestein, das, niemand will es glauben, schon Nero im Blick hatte, als er im Circus Maximus einen Rennwagen lenkte: ein Splitter aus der Spitze des Obelisken, der heute auf der Piazza del Popolo steht.
In dem Buch *Obelisken* von Ernst Batta habe ich die Bedeutung der Hieroglyphen-Inschrift nachgelesen: *Also spricht der Gebieter der Welt, das Licht der Welt, der erhabene Gott, der Herr des Himmels, zum Könige, dem Gebieter der Welt, dem gewaltigen mächtigen Ramses Osymandyas, dem Sonnenentsprossenen: Wir haben dir verliehen die Herrschaft der Welt, die Herrschaft der Länder, die Herrschaft der Meere; wir haben dir geschenkt Ägyptens unvergängliches Reich.*
Das läßt Ramses II. über Ramses II. sagen, der den Obelisken, den schon sein Vater Sethos I. in Auftrag gegeben hatte, in Heliopolis aufstellen ließ.
10 v. Chr. ließ Augustus den Obelisken nach Rom bringen und in der Mitte des Circus Maximus, auf der sogenannten Spina aufstellen, die, wie man in *Ben Hur* sehen kann, die Arena teilt, in der Charlton Heston seinen vierspännigen Wagen voranpeitscht, um die Wette fährt mit einem Widerling, Radnabe an Radnabe, schon raucht das Holz der Wagenräder, da prügelt der Gegner, der natürlich für die Partei der Christenverfolger fährt, mit der Peitsche auf Charlton Heston ein, der kräftig zurückschlägt, die Pferde galoppieren durch die Arena (wobei an einer Stelle, was mich immer irritiert hat, eine Kulissenmauer wackelt), im Gürtel trägt er das Messer, mit

dem er, käme es denn zum Sturz, sich die um den Leib geknoteten Zügel hätte durchschneiden können. Heston hält sie aber, weil es dramatischer aussieht, in den Händen, immer die Eier Castors im Auge, deren Zahl die Runden angibt, oder diesen Obelisken, den solis sacer, der in den Himmel ragt wie ein Phallus. Ein Pyramidentext beschreibt die Entstehung der Welt: *Atum ist einer, der von selbst entstanden ist, der onanierte in Heliopolis. Er nahm seinen Phallus in die Faust, um damit Lust zu erregen, und so wurden geboren die Zwillinge Schu und Tefnut.*
Mit Schu und Tefnut, den Urelementen Luft und Feuchtigkeit, beginnt dann der paarweise Zeugungsprozeß auf dieser Erde.
Es muß in dem mit 200000 Menschen besetzten Circus Maximus hoch hergegangen sein, wo, im Gegensatz zu den Theatern, in denen Männer und Frauen getrennt waren, alles durcheinander saß, so daß Ovid in der *Liebeskunst* dringlich zu einem Besuch raten konnte: *Wenn gar im Circus Renntag ist, sei jedesmal zur Stätte! Denn weil der Raum viele Menschen faßt, gibt's hier gar manches Nette. Geheime Fingerzeichen brauchst du hier nicht zu verschicken, die Antwort fällt hier klarer aus und ist kein bloßes Nicken. Setz keck dich zu der Dame hin – dran hindert dich dort keiner –, daß ihre Seite möglichst eng sich fühlt neben deiner. Und wenn sie abrückt, rück ihr nach! Die Bank hat wohl ein Ende. Dort fällt sie durch der Länge Zwang dir sicher in die Hände.*
Vielleicht ist es so, wie der in Rom lebende Schweizer Filmer Simon Bischoff meinte, daß bestimmte Orte eine magische Kraft haben, von der die Leute regelrecht angezogen würden, einzig und allein, um *Lust zu erzeugen*, und zwar nicht klammheimlich, sondern öffentlich, in

der Gesellschaft vieler, ohne viel Gefackel, Ansprüche, Erwartungen, ohne Versprechungen und den sich daraus ergebenden verwickelt-verwickelnden Beziehungen, sondern allein der Lust wegen.
Wie jener Ort auf Zypern, wo Aphrodite, dem Mythos nach, ein Bad genommen hatte, eine Quelle, wenige Meter von der Küste entfernt. In der Antike stand dort ein Heiligtum.
Wir waren mit Freunden dorthin gefahren und hatten den Wagen vor dem Restaurant abgestellt. Die Frauen waren, nachdem wir Kaffee getrunken hatten, das Steilufer hinunter an den Strand gegangen, und ich wartete mit A. und den Kindern oben, in diesem öden Restaurant, von dessen Terrasse man einen Ausblick auf die Bucht hat, die schön gelegen, aber doch nicht so zauberhaft war, wie man sie uns beschrieben hatte. Wir warteten eine Zeitlang, bis ich schließlich das Ufer hinunterstieg, um D. und K. zu suchen. Eine Bucht, ausgewaschene runde Felsmulden wie große Badewannen, nur wenige Schritte vom Land entfernt, eine kleine Insel, ein Hügel, überwuchert von rosablühenden Oleanderbüschen, gelben und weißen Blumen. Ich fand D. und K. nackt in den Felswannen liegen, in diesem klaren, fast blauen Seewasser. Sie hatten sich, kaum waren sie am Strand angekommen, ausgezogen, dann aber nicht mehr den Mut gehabt zurückzugehen, weil dort, wo ihre Kleider lagen, zwei Zyprioten in aufgekrempelten Hosen standen, dahinter züchtig gekleidete Frauen und Kinder. Sie standen da und starrten herüber. Wobei nicht sicher war, ob die beiden K. und D. im Auge hatten oder die Gestalten auf dem kleinen Eiland, wo zwischen Büschen, Blumen zwei, nein, drei Menschen, zwei junge Männer, eine Frau, ineinander verschlungen waren, eine aus dieser Distanz

nicht im Detail, aber doch noch wahrzunehmende, sich verschlingende Bewegung von sechs Armen, sechs Beinen, drei Leibern, die nichts, aber auch gar nichts Obszönes hatte in dieser Bucht mit dem durchsichtigen blauen Wasser, einem graublauen Himmel, einem Licht, das nicht beschreibbar ist.
Währenddessen suchte K. verzweifelt ihre Brille, weil sie nicht sehen konnte, was wir ihr beschrieben, nichts, nur eine dunkle unbewegliche Masse, das war diese blühende Insel.
Oder Eimsbüttel, um einen weniger amoenischen Ort zu wählen, irgendwann Anfang der fünfziger Jahre. Dort gab es in der Nähe der Christuskirche eine unterirdische Kanalröhre, die unter den drei Pastoratshäusern hindurchführte und einen ausgemauerten Stadtbach, der nur bei langanhaltenden Regenfällen Wasser führte, mit dem Isebekkanal verband, eine gewaltige Röhre, sie hatte einen Durchmesser von gut drei Metern, in der sich Kinder und Jugendliche am Abend trafen. Durch diese riesige Röhre liefen, wie zu einer Mutprobe, Jungen und Mädchen, um sich darin von unbekannten Händen berühren zu lassen und andere zu berühren, und man hörte in der Dunkelheit ein Ächzen und Stöhnen, wo ältere Jungen und Mädchen fummelten, onanierten und sich paarten. Diese Röhre wurde auf Betreiben besorgter Eltern und der evangelischen Pastoren, unter denen sich plötzlich Sodom und Gomorrha aufgetan hatte, vom Bezirksamt geschlossen, Stacheldraht wurde ausgerollt, Eisengitter im Mauerwerk verdübelt. Aber mit einer zähen Wut wurden Drähte durchschnitten, wurden Eisenstangen aufgebogen, Löcher gebohrt, bis man endlich wieder Eingang fand. Daraufhin wurde das Rohr zugemauert. Das war im Sommer. Im Herbst klaffte ein Loch in der

Mauer, das von einigen Halbwüchsigen aus der Umgebung Weidenstraße/Osterstraße durch die Mauer gestemmt worden war. Und wieder huschten die Lichter, sah man Mädchen sich kichernd zu dem Abflußkanal drängen, Jungens zusammenstehen, mit fahrigen Bewegungen die ersten Zigaretten rauchend, bevor sie rudelweise in die Röhre gingen. So lief das fast zwei Jahre. Sonderbarerweise war im Sommer kaum etwas los, im späten Herbst aber, vielleicht, weil es früh dunkel wurde, trafen sich die Jugendlichen aus Eimsbüttel vor dieser Röhre und gingen zu zweit, oder auch in kleinen Gruppen hinein, in diese Röhre, die erfüllt war von einem Geflüster, Seufzen, Stöhnen, bis das Eimsbüttler Bezirksamt sie zuschütten ließ.
Vielleicht ist es ja auch nur einfach die Überlieferung, eine zähe, ungebrochene Tradition, die den Circus Maximus auch dann, als längst keine Wagenrennen mehr gefahren wurden, der Obelisk umgestürzt und unter einer Schuttschicht begraben lag, vom Mittelalter bis heute zu einem Treffpunkt machte, an dem man Lust suchte und fand. Aber vielleicht liegt es doch an der Form des Ortes, ein großes ovales Gelände, eine gigantische flache Mulde, deren Ränder, wo früher die Zuschauertribünen waren, mit dichtem Buschwerk bestanden sind. In den ausgetretenen geheimnisvollen Pfaden spielte ich mit den Kindern, als wir das erste Mal dorthin kamen, Indianer, bis wir immer mehr junge und ältere Männer trafen, die, aufgeschreckt von unserem Siouxgebrüll, mit heruntergelassenen Hosen dastanden oder an den Hosenschlitzen nestelten. Simon wollte sich, als wir ihm davon erzählten, totlachen.
Die Orte haben eine eigene, die Zeit überdauernde magische Kraft. Warum traf man sich sonst hier? Man fühlte

sich hingezogen, alle, die da rumliefen, die Alten, die Voyeure, die Schwuchteln, die Transvestiten, die Strichjungen in Jeans und Leder, Spezialisten mit kleinen ausfahrbaren Peitschen, schwule Priester, brave Ehemänner, sie alle machten die gleichen Erfahrungen. Sie waren nicht allein mit ihrer Lust und ihrem Leid.
Bis der römische Magistrat, erstmals mit einer kommunistischen Mehrheit, eingriff. Alles sollte besser werden in dieser Stadt, die in Dreck, Korruption, Faulheit, Fehlplanung, Prostitution zu ersticken drohte, endlich sollte der Sumpf trockengelegt werden. Nach einem Plan des ersten kommunistischen Bürgermeisters von Rom, Professor Argans, sollte der Circus Maximus in einen archäologischen Park umgewandelt werden. Ein Plan, für den sicherlich vieles sprach, auch seine aufklärerische Helle, die Absicht, gegen Prostitution und für freie menschliche Beziehungen zu kämpfen. Zugleich sollte die Struktur dieser Arena sichtbar gemacht werden. Aber um welchen Preis?
Die Prostitution würde in irgendwelche öden Stadtviertel verdrängt, und diese Mulde mit großer Wahrscheinlichkeit ein ähnlich steriler Steinhaufen werden wie das Kolosseum, das einmal wie eine Arche der Flora aussah, voller seltener Büsche, Bäume, Blumen und Kräuter – Piranesis Stiche zeigen es noch im alten Zustand –, und im letzten Jahrhundert gesäubert wurde.
So fanden wir, als wir wieder einmal zum Circus Maximus gingen, die Büsche abgeholzt, nur die Strünke standen noch, und dazwischen die ausgetretenen Pfade der geheimen Lüste, die jetzt, an diesem kahlen Ort, zu Tage kamen.
Es wird sich zeigen, ob sich die magische Kraft dieses Platzes gegen den bürokratischen Eingriff behaupten

kann und ob er wieder zu jenem Ort wird, an dem, wie Ovid schrieb, Frau Venus herrscht, oder ob er zu einem jener langweiligen Begehungsfelder für Touristen wird, dreckig, vollgepißt und abgesehen von den Andenkenverkäufern, von den Römern gemieden.
Hatte der Obelisk etwas von der Kraft des alten Orts mitgenommen, nachdem man ihn bei Grabungen entdeckt, im Jahr 1589 zur Piazza del Popolo geschafft und dort aufgestellt hatte?
Dort nämlich – und die Via di Ripetta entlang – war im Mittelalter der Strich. Heute ist dieser Platz feierabends, insbesondere aber an Sonn- und Feiertagen, der Treffpunkt der römischen Jugend, die dort, Mädchen wie Jungen, von den im Rosati sitzenden Touristen beobachtet, mit ihren Mopeds und Vespas herumkurven oder in kleinen Gruppen zusammenstehen und reden.
Das alles ist recht brav und bieder und von einer sonntäglichen Langeweile durchweht, nicht zu vergleichen mit den Exzessen im Circus Maximus.
Vielleicht liegt das an der hier geballt versammelten Heiligkeit, denn gleich drei Kirchen stehen an diesem Platz: die beiden aus dem 17. Jahrhundert stammenden Kuppelkirchen S. Maria dei Miracoli und S. Maria in Monte Santo, und S. Maria del Popolo, die dem Platz ihren Namen gab. S. Maria del Popolo liegt an dem nördlichen und lange Zeit einzigen Zugangstor Roms in der aurelianischen Mauer, und zwar an der Stelle, wo der Überlieferung nach die Überreste Neros verscharrt worden waren, aus dessen Grab der noce maledetto, der verfluchte Nußbaum, wuchs. In seinen Zweigen erschien um Mitternacht, von Hexen, Raben und Dämonen begleitet, der Geist Neros und erschreckte das Volk.
Im Jahre 1099 ließ Papst Pasquale II. den Baum umhauen,

die Wurzeln ausbrennen und segnete den Ort, um dort eine Kapelle zu errichten, die 1227 aus Spenden der römischen Bevölkerung – daher der Name – durch eine größere Pfarrkirche ersetzt wurde. Der blutige Schatten Neros verschwand vor dem Bild Marias.
Später schloß sich der Kirche ein Augustinerkloster an, in dem Luther 1510/11 während seines Romaufenthalts gewohnt hat und wo er, so heißt es, seine letzte heilige Messe gelesen habe, ein – damals – asketischer Mann, der sich unter dem Namen Martinus in das Klosterbuch eintrug, tedesco, einer von den vielen Deutschen, die es damals in Rom gab, meist Soldaten, Schlachter und Gastwirte.
Die Orte haben ihre magische Kraft.
Hier in Rom soll Luther jene Eindrücke gewonnen haben, die ihn später zur Rebellion gegen Rom bewegten. *Laßt uns das Papsttum genießen, da es uns Gott gegeben hat* (Leo X.). Es war die Zeit, als in den Fastenmonaten von den Kanzeln Rezepte für den Stockfisch mitgeliefert wurden, und, ein Beispiel für Kasuistik, der Biber wegen seines vorzüglichen Fleisches kurzerhand zum Fisch erklärt wurde, da er sich doch im Wasser aufhielt. So konnte man auch im Fastenmonat Fleisch essen, was zur Ausrottung der Biber führte. Die Kurie verdiente mit auf dem Strich. Sie vergab Lizenzen an die Nutten, die darum von den Römern *Donne di curie* genannt wurden.
Gottlob, sagt T., ein Kunsthistoriker, habe die Kirche damals Tetzel rumgeschickt und die Leute sich aus dem Fegefeuer kaufen lassen. Die Renaissance hätte sonst in Rom aus Geldmangel nicht stattfinden können. Womöglich wäre alles noch eine Nummer größer ausgefallen, hätte es nicht diesen lustfeindlichen, ehrpusseligen tedesco Luther gegeben.

1601, fast hundert Jahre später, bekam Caravaggio den Auftrag, zwei Bilder für einen Seitenraum in der Kirche S. Maria del Popolo zu malen. Das eine zeigt die Kreuzigung Petri (ein Bild, das mich gleichgültig gelassen hat), das andere die Bekehrung Pauli: wie der Christenverfolger Saulus – die Kirche steht ja an dem Ort, wo Neros Überreste verscharrt sein sollen – auf dem Weg nach Damaskus vom Pferd gestürzt ist, auf dem Rücken liegt, den Kopf vorn, am Bildrand, das Gesicht leicht abgewandt, nach oben blickend, aber mit geschlossenen Augen, der mit Federn geschmückte Helm ist zur Seite gerollt, das Schwert liegt auf dem ausgebreiteten roten Gewand, während das Pferd, weißbraun gescheckt und ungesattelt, fast das ganze Bild einnehmend, vorsichtig einen Huf hebt, um den Gestürzten nicht zu treten, ein Knecht hält das eher verwundert denn erschreckt blickende Tier an der Kandare, indessen Saulus die Arme jenem Licht entgegenstreckt, das auf ihn fällt und auf die Flanke des Pferdes, ein Licht, dessen geheimnisvolle Quelle nicht zu sehen ist, das ihn aber erleuchtet: *Warum verfolgst du mich?* fragt Christus.

Jäh vom Pferd gestürzt, überwältigt von dem, was er sieht, liegt Saulus, der sich fortan Paulus nennen wird, am Boden, ein Mensch, der ein anderer geworden ist, der sehen durfte, was allein durch Reflexion nie ein-zusehen ist, die Offenbarung, in der Gott sich zeigt und die den Glauben zu Gewißheit macht. Darum muß Caravaggio gerungen haben: um eine Offenbarung, die sich auch in den ganz alltäglichen, brutal banalen, mit Schrecknissen erfüllten Zeiten zeigen sollte. Zeigen mußte?

Warum leben wir, warum leiden wir?

Wie zeigt sich das Versprechen des Heils im Alltag?

Wie kann man glauben, was doch unglaublich ist, sich

jeder sinnlichen Gewißheit entzieht, daß Christus auferstanden ist von den Toten? Daß es ein ewiges Leben gibt? In Caravaggios Bildern gibt es nicht mehr den selbstgewissen Bereich des Heils, der sich hinter einem goldenen Hintergrund verbirgt oder in dem wunderbaren Blau des Himmels von Giotto wie ein Versprechen liegt, und es gibt auch nicht mehr den Ausblick in eine durch Perspektive bestimmte Räumlichkeit, durch die das menschliche Auge in der Renaissance die Welt ordnete, und sie sich, wenn auch nur im Schein, unterordnete.

Kann man die Welt mit den Sinnen erkennen? Nicht allein, daß etwas einfach da ist, sondern warum es da ist? Eine Antwort darauf, warum wir leben, warum wir leiden.

Es gibt ein Bild von Caravaggio, das diesen bohrenden Zweifel an der Auferstehung Christi thematisiert. Ein Zweifel, der nicht dem Wort Glauben schenken kann, sondern nach sinnlicher Gewißheit verlangt, also nur das für wahr hält, was man sehen und fassen kann. Caravaggio zeigt in dem Bild *Der ungläubige Thomas*, wie Christus, sein Gewand beiseite schiebend, sich dem ungläubigen Thomas offenbart. Er zeigt ihm nicht nur die Einstichstelle der Lanze in der Brust, sondern führt die Hand des ungläubigen Thomas zur Wunde. Ein alter, griesgrämiger und ganz offensichtlich kurzsichtiger Mann, der, ich empfinde beim Anblick dieses Bildes jedesmal einen Ekel, mit dem Zeigefinger in die Wunde fährt, nein stochert.

Dies ist das Neue und Ungeheure, das Caravaggio zeigt: die Sinne als Instrumentarium der Erkenntnis. Eine Sensation, die sich ihre Beglaubigung durch die genaue Beobachtung der Dinge und Menschen erwirbt, des ganz Alltäglichen, das aber in einem neuen Licht gesehen,

darum auch in einen tieferen Schatten gestellt wird. So leuchtet eine neue Farbigkeit aus den Bildern. Eine Malweise, die mit dem in der Tradition Raffaels stehenden Manierismus bricht, den ganzen tradierten akademischen Plunder hinter sich läßt und hinausgeht auf die Straße, um dort die Welt der Sinne mit den Sinnen zu entdecken. Das Heilige im Alltag, das Besondere, Einmalige, den Menschen mit all seinen Defekten, Trieben und Begierden. Die Skandale, die Caravaggio mit seinen Bildern ausgelöst hat, die Ablehnung durch die Auftraggeber, aber auch die Faszination, die sie auf einige seiner Zeitgenossen ausübten, sind Anzeichen für den ästhetischen Schock, den er mit seiner neuen Sehweise auslöste. Ein Suchender, wie sich in seiner Malweise zeigt: dieses Über- und Ummalen von Personen und Szenen, die jetzt im Röntgenbild – wie beispielsweise bei der Berufung des Matthäus – aus der Tiefe anderer Farbschichten auftauchten. Ein zweifelndes Suchen, das nichts beschönigen will, keine hurtige Versöhnung im Religiösen sucht, nichts mit geschichtlichem Dekor verkleidet, sondern den Schrecken und das Entsetzen aus der Heilsgeschichte auf den Zeitgenossen bezieht. Eine deutliche Hinwendung auch zu den Armen, zu den Bauern, deren dreckige Füße erstmals in einer Madonnenanbetung auftauchen, in der *Madonna di Loreto*.
In Raffaels *Bekehrung des Heiligen Paulus* liegt ein römischer Offizier, ein Centurio, umgeben von seinen Soldaten am Boden. Und oben am Himmel erscheint Christus, den Saulus anblickt. Bei Caravaggio ist Saulus ein einfacher römischer Legionär.
Die Heilsgeschichte in dieser neuen Weise zu sehen, führte notwendigerweise auch zu ihrer Profanisierung. Immerhin war es bei Caravaggios Bildern denkbar, daß

man beispielsweise den ans Kreuz geschlagenen Petrus in Santa Maria del Popolo wenig später auf einem römischen Fischmarkt oder in irgendeiner Weinschenke wiedertreffen konnte.

Als Motiv taucht schon in einigen Bildern Caravaggios auf, was in seiner Nachfolge zu einer eigenen Malgattung wird: die betörend netten Jungen mit den Weintrauben, die glutäugigen dunkelhaarigen Schönen mit den Fruchtkörben, all die Zigeuner, Zahnbrecher, Zirkusleute, nur daß sie später als »malerisch« gezeigt werden, während Caravaggio sie als malenswert erst entdecken mußte.

Es ist ein neuer, nicht vorbelasteter Blick, der die Wirklichkeit nicht mehr danach selektiert, wie die Heilsgeschichte angemessen darzustellen sei, sondern sich vom gesehenen, »realistischen« Detail leiten läßt, das Besondere aufspürt, und zwar vorurteilslos, so daß auch der Mörder eines Heiligen schön sein kann, wie jener mit dem Schwert in der Hand wie ein Racheengel aussehende junge Mann im *Martyrium des heiligen Matthäus*, vielleicht der schönste Heiligenmörder in der christlichen Malerei. Der Schrecken dieser Tat spiegelt sich lediglich in dem Entsetzen der beobachtenden Personen wieder, nicht im Opfer, nicht im Täter, nicht in der Handlung, die, der Heilige liegt am Boden, bereits vollzogen ist.

Täter und Opfer sind, man denkt an Pasolini, miteinander verbunden: der alte Mann hebt im Fallen die Hand, in die ihm ein sich gefährlich weit über eine Wolke beugender Engel einen Palmenzweig stecken will, den Siegespreis für das Martyrium, die Hand des sterbenden Märtyrers hält aber der Mörder umklammert, als versuche er sie wegzudrehen, so daß der Preis beiden oder keinem zukommt. Beide sind, der Henker und sein Opfer, im Martyrium verbunden, und beide werden, wer weiß, in einem alles umspannenden Heilsplan erlöst, weil sie gar nicht anders können, als Täter oder Opfer zu sein, weil sie die Hölle nicht wählen können, in der sie schon sind. So wie Pasolini, ich glaube in *Trilogia*, einen Jungen zeigt, dessen Mund sich zu einem schönen Lächeln verzieht, er öffnet sich, und sichtbar werden die von Karies zerfressenen Zähne. Das Leben ist, das scheint diese Filmeinstellung zu zeigen, wie eine Wunde.

Ich habe beim Betrachten der *Conversione di S. Paolo* an die Filme Pasolinis denken müssen, was ich später nicht mehr so erstaunlich fand, als ich mich mit dem Leben Caravaggios zu beschäftigen begann und Parallelen in den Biographien der beiden entdeckte.

Caravaggio verkehrte in Rom in jenem Umkreis, den man heute wohl Kiez nennen würde. Er war in zahlreiche Schlägereien und Duelle verwickelt, getrieben von einem Jähzorn, einer schrecklichen, unerklärlichen Wut, zügellos und blind, die sich offenbar insbesondere gegen die Ordnungshüter richtete. Er muß ständig ein Schwert getragen und das auch schnell gezogen haben, zu einer Zeit, als in Rom darüber schon Polizeiprotokolle angefertigt wurden, die damit zu den wenigen authentischen Berichten über Caravaggios Leben gehören: 1601 verwundet er einen Sergeanten durch einen Schwertstreich, 1604 haut er einem Kellner eine Platte mit gekochten Artischocken ins Gesicht, wenig später kommt er ins Gefängnis, weil er die Stadtpolizei mit Steinen beworfen hat, einen Monat danach, am 18. November 1604, beleidigt er einen Korporal, der ihn nach der Lizenz für sein Schwert fragt, mit den Worten: *Bona notte, Signore, ich habe dich eh im Arsch.*

Der zeigt es ihm und läßt ihn ins Gefängnis schaffen. Ein paar Monate später kommt Caravaggio abermals ins Gefängnis, weil er Schwert und Dolch ohne Genehmigung trägt. Im Juli 1605 haut er einem Notar mit dem Schwert über den Schädel, weil sie sich zuvor über den »Wert« eines Mädchens mit Namen Lena gestritten hatten, das auf der Piazza Navona »steht« (sta in piedi). Das Mädchen, heißt es, »gehöre« Caravaggio.

Am 29. Mai 1606, einem Sonntag, kommt es auf dem Campo Marzio zwischen Caravaggio und einem jungen Mann namens Ranucci Tomassoni während eines Ballspiels zu einem Streit, den sie erst mit den Schlägern, dann mit dem Schwert austragen. Caravaggio wird durch zwei Schwerthiebe schwer am Kopf verletzt. Ranuccio stirbt unter Caravaggios Schwerthieben.

Ein Untersuchungsrichter versucht den Vorgang aufzuklären. Er befragt Caravaggio, der verletzt im Bett liegt. Caravaggio erklärt, wie man im Protokoll nachlesen kann, seine Verletzungen damit, daß er mit seinem Schwert die Treppe heruntergestürzt sei und sich dabei die tiefen Schnittwunden am Hals und an der linken Schädelseite beigebracht habe. Das wird, obwohl es natürlich nicht einer gewissen Komik entbehrt, offenbar akzeptiert, und es ist zu vermuten, daß man dem berühmten Maler eine Chance geben wollte, zu verschwinden. Er nutzt sie, flieht und ist dann bis an sein Lebensende auf der Flucht. Er geht erst nach Neapel, dann nach Malta, malt, um sich seinen Lebensunterhalt zu verdienen, beleidigt einen Malteserritter, kommt ins Gefängnis, flieht nachts über die Klippen auf ein Schiff, geht nach Syrakus, malt, geht nach Messina, nach Palermo, malt, und man hat den Eindruck, daß auch seine Bilder etwas Flüchtiges haben, einigen fehlt wahrscheinlich das letzte Finish. Er schifft sich nach Neapel ein, lebt dort, wird eines Tages in der Toreinfahrt zu einer Kneipe überfallen und mit Messerstichen im Gesicht so zugerichtet, daß er, wie es in einem Bericht heißt, kaum noch wiederzuerkennen ist. Ein Fall von Vendetta, vielleicht auf Befehl der Malteserritter, denen er sich durch Flucht entzogen hatte, vielleicht einer seiner zahlreichen persönlichen Händel. Nachdem er sich erholt hat, besteigt er, in der Hoffnung, mit einer Begnadigung durch den Papst wieder nach Rom zurückkehren zu können, ein Segelschiff, das ihn nach Norden bringen soll. Wahrscheinlich auf Grund einer Verwechslung wird er in der Nähe des Hafens Port' Ercole von spanischen Soldaten verhaftet, nach ein paar Tagen aber wieder freigelassen. Er muß feststellen, daß sein Schiff inzwischen mit all seinen Habseligkeiten und seinem letzten Bild *Das Haupt Johannes des Täufers* weggesegelt ist. Da schleppt sich ein Mann mit einem verstümmelten Gesicht durch die rasende Julihitze am Strand entlang, fiebernd, erschöpft, erreicht den kleinen Hafen Port' Ercole, wo er ein paar Tage später, am 28. Juli 1610, stirbt.

Pasolini hat einige Jahre, bevor er ermordet wurde, in einem Interview gesagt: *Ich liebe das Leben wild und verzweifelt. Und ich glaube, daß diese Wildheit und diese Verzweiflung mich an mein Ende führen werden. (...) Die Liebe zum Leben ist für mich ein ärgeres Laster als Kokain geworden. Ich verschlinge meine Existenz mit einem unersättlichen Appetit. Wie wird das alles enden? Das weiß ich nicht (...) Ich bin skandalös, ich bin es in dem Maße, wie ich eine Schnur, besser gesagt, eine Nabelschnur zwischen dem Heiligen und dem Profanen ziehe.*

Skandalös war auch Caravaggio, der eben dies versuchte: eine Nabelschnur zwischen dem Heiligen und dem Profanen zu ziehen, der die dreckigen Füße eines Bauernpaares in den Vordergrund eines Madonnenbildes malte.

Und nur seinem skandalösen Leben verdanken wir es, da von ihm kein Brief, keine schriftliche Äußerung erhalten ist, daß eine ästhetische Reflexion von ihm überliefert ist – in einem Gerichtsprotokoll.

Der Maler Baglione hatte gegen Caravaggio eine Beleidigungsklage angestrengt, weil dieser ihm in einem Spottvers nachgesagt hatte, er sei ein nur mittelmäßiger Maler. Caravaggio machte in einer Vernehmung eine Aussage darüber, wer für ihn ein Künstler (*Valentuomo*) sei. Das Protokoll hält fest: *Ein Maler ist ein guter Künstler, wenn er weiß, wie man gut malt und die natürlichen Dinge imitieren kann.*

Diese ästhetische Revolution in der Malerei, diese neue Sicht der Dinge *(imitare bene le cose naturali)* wurde damals kritisiert, bezeichnenderweise fast mit den gleichen Argumenten, die noch heute gegen die realistische Methode in Kunst und Literatur ins Feld geführt werden: Caravaggio sei nichts weiter als ein Imitator der Natur gewesen, der, wie sein Kritiker Bellori 1672 schreibt, nicht richtig wußte, was *Kunst wirklich sei*, eben das Höhere, von Ideen Bestimmte. Zuviel Alltägliches, zu wenig Feierliches. Aber es geht, damals wie heute, nicht darum, mit den Mitteln der Malerei oder Literatur Natur und Menschen zu klonen, sondern es gilt sie in ihrem geschichtlichen Umfeld zu zeigen, jeweils neu, in neuen Formen und mit anderen Techniken. Malerei (und Literatur), die irgend etwas feiern will, das Christentum, die Bourgeoisie, den Sozialismus, oder aber auch nur sich selbst, wird eben das nicht tun: sich auf das Kleine, scheinbar Unbedeutende, ganz und gar Alltägliche einlassen, um dort das zu suchen, was sich knirschend, unendlich langsam und schmerzhaft verändert. Es ist der irritierende, zum Widerspruch reizende Blick auf die Wirklichkeit. Ein Blick, der sich im Fall Caravaggios auf scheinbar Nebensächliches richtet, es aber mit der Heilsgeschichte in Verbindung bringt, ein Blick, der die Augen des Saulus geschlossen zeigt, nicht offen, wie in den Darstellungen der Paulusbekehrung von Raffael oder Michelangelo. Die Augen sind jedoch nicht einfach geschlossen, sondern unter den Lidern konvulsivisch verdreht. Und dennoch erscheint der Sturz nicht als Folge eines epileptischen Anfalls, die Hände des Saulus sind entspannt geöffnet und zum Himmel gestreckt.

Dieser das Detail erfassende, es für sich nehmende und von irgendwelchen religiösen Vor-sichten befreiende Blick ist jenem vergleichbar, mit dem Galilei die sachte Bewegung des großen Kronleuchters im Dom von Pisa *wahrnimmt*, die vor ihm viele gesehen und doch nicht gesehen haben, jedenfalls nicht mit dieser Aufmerksamkeit, die fragt, wie diese Bewegung entsteht. Und für Galilei ist es nicht mehr mit der Frage getan, welchen Sinn diese Bewegung in Gottes Heilsgeschichte hat, sondern die Bewegung wird isoliert gesehen: was ist die Folge, wenn ein Gegenstand in Schwingungen gerät, und läßt sich dieser Vorgang wiederholen. Fragen, solchermaßen eingegrenzt, also methodisch, weil an einem Weg zum Ziel interessiert, erhalten Antworten, wie etwas funktioniert, wie es »ist«, nicht, wie es denn sein sollte. Natur wird in ihrer Gesetzmäßigkeit verstehbar und damit berechenbar.

Konsequent ändert sich mit diesem veränderten Blick auf die Natur auch deren Beschreibung, wechselt von der lateinischen in die italienische Sprache, wird nüchtern und sachlich unter ausdrücklichem Verzicht auf den damals üblichen sprachlichen Bombast, den Galilei in seinen literaturkritischen Aufsätzen über Tasso getadelt hat.

Die Aufklärung beginnt in der Naturbetrachtung mit Galilei und im Sehen mit Caravaggio. Es ist der Anfang von jenem Prozeß *(der Ausgang des Menschen aus seiner selbstverschuldeten Unmündigkeit),* der in die Moderne einmündet, die ihr Selbstbewußtsein und ihre Maßstäbe aus sich selbst entwickeln muß. In ihr wird das beobachtende Subjekt sich seiner selbst bewußt, und es bildet um sich ein Kraftfeld wertender und bewerteter Wahrnehmungen.

Mit diesem *Augenblick* erfaßt Caravaggio im Geschehen einen Moment: Eine Sekunde zuvor war etwas anderes, eine Sekunde später wird etwas anderes sein. Bilder, die nicht mehr eingebettet sind in die göttliche Heilsgeschichte, sondern wie Momentaufnahmen wirken. *Der Eidechsenbiß* heißt ein frühes Bild, es zeigt einen Jungen, der von einer unter Früchten verborgenen Eidechse gebissen wird.

So befreit sich die Kunst aus der dienenden Funktion gegenüber der Kirche, aus Dekoration und Illustration, und wird selbst Erkenntnisakt. Sie sucht das Heilige vor der Kirche, vor dem Kirchenportal *(Madonna der Pilger),* also im Profanen. Walter Friedländer hat in seinem Buch *Caravaggio Studies* auf die Nähe zu der populistischen Glaubensbewegung eines Filippo Neri im damaligen Rom hingewiesen.

Die Suche nach dem Heiligen im Alltäglichen, dort, wo es den Sinnen zugänglich ist.

Das Licht, in dem Caravaggio die *realistischen Wunder* zeigt, ist nicht mehr das *lumen naturale,* in das nach der mittelalterlichen Philosophie des Thomas von Aquin alle elementaren Dinge getaucht sind, während die göttliche Offenbarung sich nur im *lumen supranaturale* zeigen kann, sondern es ist ein Licht, das durch den Suchenden auf die Dinge, Menschen und Heiligen geworfen wird und sie so aus der Dunkelheit heraushebt.

Eben dies ist aber auch das Paradoxe. Die Erfahrung und die Reichweite der Sinne ist kurz, vermag nur das Gesehene zu zeigen, nicht aber das, was Saulus sieht: Das Wunder der Offenbarung, Christus und die Verheißung der Auferstehung, das ewige Leben.

Warum leben wir, warum leiden wir?

Haben die Leiden einen in einer göttlichen Gerechtigkeit aufbewahrten Sinn?

Oder ist alles blinder, irrwitziger Terror? Dessen Abbild ist das Medusenhaupt, der Anblick des Todes, der ein Sturz ins Nichts ist, der aufgerissene Mund des Schreckens.

Caravaggios Bilder zeigen – wie die Filme Pasolinis – das Martyrium, dem wir alle entgegensehen, das Leiden, den Tod. Das ist unabänderlich. Und die Klage darüber ist Anlaß für jede Kunst, die sich selbst ernst nimmt. Aber es gibt Leid und Tod auf eine Weise, die Antwort gibt auf die Frage: warum? Überall dort, wo es Täter und Opfer gibt, ein unnötiges und darum um so empörenderes Leid. Für dieses alltägliche Martyrium das Auge geschärft zu haben, ist die ganz unvergleichliche Leistung Caravaggios.

Zugleich zeigen seine Bilder, daß nicht alles im bloßen Sehen aufgeht, sondern daß die Kunst in einen anderen Bereich hinüberführt, dem etwas eigen ist, was die Sinne, das Leben nicht erkennen: Zeitlosigkeit.

Kunst ist die Erinnerung an das, was einmal erlebt und erlitten worden ist und gegen seine Flüchtigkeit im Bild festgehalten wurde (Entsprechendes gilt für die Sprache in der Literatur, für den Klang in der Musik). Sie gibt Kunde – auch für künftige Generationen – von dem mühevollen Weg, den das Bewußtsein genommen hat, egal, ob man diesen als Fortschritt oder als Stagnation und Rückschritt deutet. Die Kunst hebt die Zeit – paradoxerweise – sinnlich auf. Sie ist Selbstvergewisserung des kollektiven Gedächtnisses, dessen, was anders war, als auch dessen, was bleibt, die Frage: Warum leben wir, warum leiden wir? Eine Frage, die nichts Quietistisches haben muß, sondern Protest, Auflehnung, Empörung bedeuten kann. Der paradoxe Wunsch nach Leben und nach Dauer zugleich.

In der *Bekehrung Pauli* sieht der Betrachter ein Sehen, ohne zu sehen, was da gesehen wird. Dies ist die Botschaft: die Augen offen zu halten – nicht zufällig gibt es in vielen Bildern Caravaggios Beobachter der Ereignisse – vor dem Entsetzlichen, vor dieser *schönen Wunde Leben*. Sie ist die Offenbarung, derer wir teilhaftig werden können. Kunst ist ein Teil der Offenbarung, sie schafft diesen Freiraum für die Sinne, eine Emanzipation von der Zeitlichkeit, in der sie gefangen sind, erlaubt es ästhetisch »genießen« zu können, was uns begleitet, das Leid, der Schmerz, der Tod.

Dieses geheimnisvolle Licht, das auf den zu Boden geschmetterten Saulus fällt und ihn erleuchtet, scheint nicht aus dem Bild-, sondern irritierenderweise aus dem Realraum zu kommen, also von dorther, wo der Betrachter steht, der geneigt ist, sich unwillkürlich umzudrehen und nach oben zu schauen. Aber da ist nur der Punktstrahler, der nach dem Einwurf eines 100 Lire-Stücks leuchtet.

Jedesmal, wenn ich aus der Kirche kam, tauchte ich wieder in den Lärm der vorbeifahrenden Autobusse, Autos, Mofas ein, sah in der Mitte den Obelisken. Irgendwann, nachdem ich eine Abbildung des antiken Obelisken gesehen hatte, fiel mir auf, daß die Spitze anders besetzt war.

In der Antike trug er eine runde, die Sonne symbolisierende Kugel aus Kupfer. Als Papst Sixtus V. den Obelisken auf der Piazza aufstellen ließ, setzte man ihm auf die Spitze eine stachelige Kugel und darauf ein Kreuz.
Es ist bezeichnend, daß dieses runde Sonnensymbol christliche Stacheln bekam. So wurden Sonne und Phallus schmerzhaft getrennt und die Sinne wie auch die Lust unter das Kreuz gestellt, weil diese Welt nichts, die jenseitige alles ist.
So deutet der Obelisk in seiner jetzigen Gestalt auf das Gegenteil dessen, was Caravaggio in seinen Bildern darzustellen versucht hat.
Im Herbst 1983 wälzte sich wieder eines dieser heftigen Gewitter über Rom, eine schwarze, an den westlichen Rändern schwefelgelbe Wolkenbank. Ein Blitz schlug in den Obelisken auf der Piazza del Popolo ein. Ein Flammenfeld, ein Stoß, Steinbrocken flogen über den Platz. Die Gäste unter den Markisen des Cafe Rosati flohen entsetzt ins Innere. Ein Freund war zufällig in der Nähe. Nachdem das Gewitter abgezogen war, die Sonne wieder durchbrach, ging er mit anderen Neugierigen zu dem Obelisken.
Der Platz war mit kleinen und großen Steinsplittern übersät. Die Stadtreinigung kam und fegte die Steinbrocken weg. Mein Freund hob zwei der Steinstücke auf, von denen er mir eines mitbrachte.
Aber die Geschichte dieses Stücks Granit ist, kennt man die römische Bürokratie, noch nicht zu Ende. Denn nachdem die Steinstücke von der Stadtreinigung abtransportiert und auf irgendeiner Mülldeponie abgeladen worden waren, intervenierte das Amt für Baudenkmäler, man wollte die Stücke für eine eventuelle Restaurierung haben. Man begann also, in den Müllgruben nach den Gra-

nitsplittern zu suchen. Ein paar Steine fand man, aber die meisten blieben verschwunden. Touristen hatten Steinbrocken aufgesammelt und in alle Welt geschleppt. Wie dieses Granitstück, das jetzt auf meinem Fensterbrett liegt.

Die Utopie der Sprache
Versuch über Kipphardt

Wir waren in der Stadt gewesen, hatten eingekauft und uns gerade zum Essen gesetzt, als der Anruf kam, er sei mit einer Gehirnblutung ins Krankenhaus eingeliefert worden. Sein Sohn, Franz, den ich anrief, sagte, es gehe ihm schon besser, Pia sei bei ihm, schlafe auch im Krankenhaus.
Tobias versuchte eine Eidechse, die sich in die Wohnung verirrt hatte, in einer Plastiktüte zu fangen, ein großes rötliches Tier, das ängstlich unter die Betten floh. Von fern war der Autolärm vom Corso di Francia zu hören, ein an- und abschwellendes Brausen. Ich entsinne mich, es war ein kühler Novemberabend von jenem eigentümlichen, nur hier in Rom gesehenen, tiefen Blau, das später langsam ins Schwarz übergeht.

Einige Tage später saß ich im Zug, der langsam aus der Stazione Termini fuhr, vorbei an den schmutziggrauen Häusern hinter der aurelianischen Mauer, dann der Güterbahnhof, der Friedhof, Villen, das Kreischen einer Alarmglocke, weiter draußen, vor der Stadt, die abgeernteten Felder, das Laub in einem leuchtenden Rot, Gelbbraun, und über die Felder zog der Rauch der Herbstfeuer in einen wolkenlosen, eisgrauen Himmel.

Er hatte mir einmal den Aufbau des Gehirns erklärt und sagte, er sei gleich in der ersten Anatomiestunde von der Schönheit dieses Organs fasziniert gewesen, dieser wunderbar asymmetrischen Symmetrie.

In den ersten Monaten in Rom hatte ich oft an ihn gedacht. Ich hatte seine Arbeiten gelesen, seine Stücke, Gedichte, seine Prosa. Ich hatte mich vorbereitet auf ein Gesprächsbuch, das wir machen wollten. Es war ein Plan, der schon zwei Jahre alt war, ein Gespräch über sein Leben, über sein Werk, über Politik, Kunst, über Gott und die Welt. Das Buch sollte zu seinem 60. Geburtstag herauskommen. Aber wir hatten, als ich nach Rom ging, noch nicht einmal damit angefangen. Warum?
Wir waren beide in andere Arbeiten verstrickt. Und es gab auch eine Scheu vor dieser Arbeit, denn es sollte ja nicht nur über Stücke und Bücher gesprochen werden, sondern auch über ihn, seine Ängste, seine Obsessionen, und er wollte versuchen, seine Ästhetik zu entwickeln, seine Vorstellung, wie Sprache und Wirklichkeit zusammenhängen. Er wollte das im mündlichen Diskurs entwickeln, nicht darüber schreiben. Wir hatten uns viel vorgenommen. Und wir hatten es immer wieder verschoben, bis ich nach Rom abreiste.
Er hoffte, glaube ich heute, daß ich die Abreise um ein, zwei Monate verschieben würde, sprach das aber nie aus, allenfalls indirekt. Sein immer wieder formuliertes Unverständnis, warum ich gerade nach Rom gehen wolle. Da ging doch jeder hin, da schrieb doch jeder drüber. Ich konnte ihm dafür keine befriedigende Erklärung geben. Ich konnte sie mir ja selbst nicht geben. Aber ich fuhr. Und als ich dann aus Rom anreiste, nach München, um eine Woche mit ihm zu reden, Vorgespräche zu den Interviews zu machen, um das Projekt wenigstens anzufangen, da meinte er, man müsse mehr Zeit haben, eine Woche sei zu wenig. Ich ging darauf sofort und fast erleichtert ein.
Warum habe ich ihn nicht gedrängt?

Ich glaube, er hatte den Eindruck, daß ich an etwas anderem, an einem Roman, arbeiten wollte und nicht an diesem Gesprächsband, und das war wohl so falsch nicht. Zumindest hatte ich nicht das Bedürfnis, ihn zu drängen. Was ich hätte tun müssen. Denn er brauchte diesen Druck, händeringende Dramaturgen, wartende Regisseure, verzweifelte Lektoren, nicht, weil er sich zierte, sondern weil das Schreiben die schwierigste Sache der Welt war, eine ungeheure, alles auszehrende kräfteraubende Arbeit, vor die er immer neue Gespräche, Überlegungen, Zweifel, die Lektüre neuer und immer abgelegenerer Bücher schob, bis der Druck immer größer und schließlich unerträglich wurde.

Er konnte auf eine ansteckende Weise lachen.
Der Verlagsleiter der Autoren Edition war, weil er in dem Roman *Die Herren des Morgengrauens* von Peter O. Chotjewitz etwas über Baader und Ensslin gelesen hatte, zur Geschäftsleitung von Bertelsmann gerannt und hatte das dort angezeigt. Die Hauptfigur in dem Buch träumt, daß Ensslin, Baader und Raspe ermordet worden seien.
Das führte zur Zensur des Buches und zur Kündigung der Herausgeber und des Verlags.
Dieser Verlagsleiter verlagerte beim Essen hin und wieder sein Gewicht, leicht nach rechts oder links, um dann einen fahren zu lassen, mal laut, mal leise. Und dann diesen Schnack auf den Lippen: Dann tun wir mal Butter bei die Fische.
Er konnte ihn wunderbar nachahmen, lachte und wischte sich mit dem gekrümmten Zeigefinger die Tränen aus den Augen. Die im Restaurant neben uns sitzenden Leute lachten mit, ohne zu wissen, warum wir lachten.

Sein Lachen wechselte langsam in einen nachdenklichen Ernst. Wie kommt jemand dazu, ängstlich ein Buch kontrollieren zu lassen? Wie entsteht diese Willfährigkeit? Dieser vorauseilende Gehorsam? Diese hingebungsvolle Bereitschaft, keinen Anstoß zu erregen?
Es gab ja auch Kollegen, die unter dem Druck einer rechtsgewendeten öffentlichen Meinung ihr Werk nach vermeintlichen Gewaltäußerungen durchsuchten und beteuerten, sie hätten keine inkriminierbaren Stellen gefunden. Diese Ängstlichkeit vor dem Meinungsdruck der Mehrheit. Dieses Verlangen nach Konformität. Regeln nicht zu verletzen. Seine Pflicht zu tun. Natürlich wird das belohnt. Durch Ruhe, Anerkennung und Geld. *Je mehr er nicht er selbst ist, desto mehr bekommt er.*

Ein andermal auf dem Flugplatz (Domestic flights) sah ich in einem gläsernen Warteraum Menschen in neuer Erscheinung. Auf ihren Zwillingsgesichtern, die auf das Flugfeld hinaussahen, lag eine blaßblaue Schicht, die Brillen blaßblau erleuchtet, die Hände in Pfötchenhaltung. Sie schienen alle das gleiche Ziel zu haben, und ihre schwarzen Aktenköfferchen waren die gleichen. In vollkommener Ruhe ging etwas Strahlendes von ihrer Erscheinungsform aus, etwas Religiöses in Tablettenform, geruchlos und ohne Rückstände. Als einer von ihnen zum Klo ging, versuchte ich ihn anzufassen, da sah er durch mich durch und durch. Astralverwesung bei Übergewicht.
März in *März*.

Der Zug fuhr durch Orvieto. In der Ferne lag Civitella, wo Freunde ein kleines Wein- und Olivengut haben. Ich hatte in diesem Frühjahr geholfen, die Olivenbäume

zu beschneiden, ein ruhiges Tun. Man steigt in den Bäumen herum und schneidet bestimmte Triebe ab. Welcher Trieb ist überflüssig und welcher nicht? Ich hatte sie mir genau erklären lassen, diese über Jahrtausende erarbeiteten Erfahrungen. Saß abends in einem Baum, dem letzten, den ich mir vorgenommen hatte. Marco war schon weggegangen, hatte den arbeitswütigen Deutschen in den Olivenzweigen sitzen lassen.
Ich saß auf einem Ast und sah in die stille Ferne. Da stieg aus einer unterhalb des Berges liegenden, mit dichten Büschen bestandenen Bodenfalte ein Gesang empor, als singe die Erde selbst, vielstimmig, der Gesang der Nachtigallen.

Manchmal angelte er direkt von seinem Arbeitszimmer aus in der alten Mühle die Forellen aus dem Bach, der Stroge, die hinter dem Haus zu einem kleinen Teich aufgestaut war.

Kennengelernt habe ich ihn auf einer Veranstaltung mit dem kurios klingenden Titel: *Schreibmaschinen für Vietnam.*
Ein Motto, das, gerade weil hier Solidarität geübt werden sollte, unsere Hilflosigkeit gegenüber dem, was in Vietnam geschah, verriet.
Es sollte unter Schriftstellern und Intellektuellen Geld für Schreibmaschinen gesammelt werden, denn es fehlten (und fehlen noch immer) in dem Land die einfachsten Dinge.
Eingeladen wurden Schriftsteller, die in München wohnten, und wir, damals noch Studenten, waren überrascht, wie viele Absagen es gab, Herrn Baumgart war die Veranstaltung zu einseitig, Herr Zwerenz wollte Maschinengewehre, nicht Schreibmaschinen.
Er, der einzige mit einem bekannten Namen, sagte sofort zu. Kam von irgendeiner Generalprobe aus dem Rhein-

land, etwas verspätet, in einem dunkelblauen, eleganten Anzug, freundlich, ruhig, ein aufmerksamer Zuhörer, las ein paar kurze Texte: Aussagen der Piloten, die auf Hiroshima die Atombombe abgeworfen hatten, von Eichmann, von US-Piloten, die mit ihren B 52 Angriffe auf Saigon geflogen hatten.

Es kam zu einer ziemlich hitzigen Diskussion auf dem Podium. Er behauptete nämlich, der Sieg der vietnamesischen Befreiungsbewegung sei, in Anbetracht der nuklearen Bedrohung, durchaus nicht so gesetzmäßig, wie die Referentin zuvor versichert hatte. Er blieb in der folgenden, von einigen recht erregt geführten Diskussion ruhig, eine durchaus nicht provozierende, sondern eine von Nachdenklichkeit gekennzeichnete Ruhe, die schließlich auch die Gemüter wieder beruhigte. (Und damals war der Gedanke, eine Befreiungsbewegung könne nicht siegen, noch unerträglich.)

Das war mir in dieser Diskussion an ihm aufgefallen, die Ruhe, mit der er fragte und zuhörte, die Nachdenklichkeit, mit der er selbst sprach, manchmal stockend, zögernd, ein physisch sichtbarer Vorgang, dieses Denken, eine Arbeit, die Aussagen, die langsam und exakt kamen, sich aber manchmal wieder selbst in Frage stellten.

Man hatte das Gefühl, an dem Prozeß des Nachdenkens teilzunehmen, zu beobachten, wie sich neue Gedanken bildeten. Hörte er zu, strich er sich langsam mit dem Zeigefinger über den Schnurrbart, rötlichbraun, der ihm schwer über die Lippe hing und die mächtigen Schneidezähne verdeckte. Er schwitzte, wischte sich immer wieder mit einem großen Stofftaschentuch die Stirn. Man sah ihm an, dieses Denken war Arbeit.

Später, ich glaube sechs Jahre später, ergab es sich, daß ich sein Lektor wurde. Das hört sich nach mehr an, als meine Arbeit mit sich brachte, denn seine Manuskripte waren in einem perfekten Zustand. Und ganz sicher war ich es, der von der Arbeit an seinen Büchern mehr profitiert hat, eine Arbeit, die sich lange hinzog, Tage und Nächte. Vor allem Nächte. Er wurde erst am späten Nachmittag munter und arbeitete nachts, wurde munterer, je später es wurde, während ich meine Müdigkeit mit Kaffee bekämpfen mußte.

Was ihn nachhaltig beschäftigte, war die Frage nach der Stellung von Textteilen. Da war er immer und gern zu Änderungen bereit. Das könnte man auch anders montieren, das habe ich noch immer im Ohr, wenn ich selbst Textstellen verschiebe. Er kam ja aus der Tradition von Brecht, Heartfield und Eisler, mit denen er auch befreundet gewesen war.
Auf Vorschläge zu Kürzungen und Verknappungen ging er sofort ein, strich sehr schnell, man mußte ihn da regelrecht bremsen.
Das muß schlanker werden, sagte er, der über zwei Zentner wog. Über Wortwahl, über das Salz der Wörter, konnte man mit ihm lange streiten.
Sollen Äpfel von den Bäumen der Obstwiesen auf die Wiese fallen oder prasselt eine Ladung herunter. Dieser in den nebeligen Oktobertagen Bayerns oft zu beobachtende Vorgang, daß trotz Windstille sich plötzlich ein Apfel löst und andere und immer mehr und mehr durch sein Fallen mitreißt. Ein eigentümliches Geräusch, das man manchmal auch nachts in der Stille hören kann.
Prasseln, da dränge sich das Wort in den Vordergrund, die Situation solle nicht beschrieben, sie sollte nur angedeutet, beim Leser evoziert werden.

Prasseln hat tatsächlich ja noch etwas von diesem sinnlichen Vorgang, setzt ihn lautmalerisch um, so wie man in dem Wort Trulli noch den Gegenstand zu entdecken glaubt, und zwar im Mund.
Nein, das Wort sollte dem Leser mehr Raum lassen, ihn nicht festlegen, zwingen.
Er hatte ein feines Gespür für die Präpotenz der Wörter.

Roland Barthes schreibt in *Lektion: Doch die Sprache als Performanz aller Rede ist weder reaktionär noch progressiv; sie ist ganz einfach faschistisch; denn Faschismus heißt nicht am Sagen hindern, es heißt zum Sagen zwingen.*
Sicherlich ist die Sprache nicht, wie Roland Barthes schreibt, »faschistisch«, denn sonst wären wir alle und zu allen Zeiten Faschisten, womit der Begriff sinnlos wird. Aber die Sprache übt Macht aus, weil sie uns zwingt, in bestimmten Regeln zu sprechen und zu denken. Es ist die gewohnte, ganz selbstverständliche alltägliche Macht, eine Macht, die ins Bewußtsein eingeht. *Wir sehen die in der Sprache liegende Macht deshalb nicht, weil wir vergessen, daß jede Sprache eine Klassifikation darstellt, und daß jede Klassifikation oppressiv ist: ordo bedeutet zugleich Aufteilung und Strafandrohung.*

Wie kann man diese blockhafte Macht der Sprache aufbrechen, wie die Fortifikationen der staatlichen Gewalt im Bewußtsein unterminieren?
Man muß listig sein.
Die Literatur kann den Diskurs der Macht stören, nicht dramatisch, sondern im Kleinen, fast Spielerischen ... *die außerhalb der Macht stehende Sprache in dem Glanz der Rede zu hören, nenne ich: Literatur.*
Sagt Roland Barthes.

Ein Diskurs über die Wissenschaft, über die Macht, die in ihr liegt, die sogar im Erkenntnisakt aufscheint, mag er als noch so wertfrei, also auch fern jeglicher Macht, von den Wissenschaftlern mißverstanden werden, ist das Stück *Oppenheimer*.
Evans: Woran merken Sie, ob ein neuer Gedanke wirklich wichtig ist?
Oppenheimer: Daran, daß mich ein Gefühl tiefen Schreckens ergreift.

Kurz vor der Notstandsgesetzgebung tagte der antiautoritäre Flügel des SDS in der Georgenstraße. Einige Genossen waren mit einem Eimer weißer Farbe losgegangen und wollten an die Mauern der Uni schreiben: *Widerstand gegen die Notstandsgesetze*, während im Plenum über die Anwendung von Gewalt diskutiert wurde. Da platzte jemand herein und rief: Wahnsinn, überall an der Uni steht: *Wiederstand gegen die Notstandsgesetze*. Sogleich begann eine heftige Diskussion über die Rechtschreibung. (Recht = Rechts?) Die Frage war: Sollte man losgehen und das e ausstreichen, oder sollte man einfach Wiederstand stehen lassen? (Wobei gesagt werden muß, und das ist kein Witz, daß dies von einem Germanistikstudenten geschrieben worden war.) Sollte man sich dem Diktat des Dudens unterwerfen oder nicht? Lag nicht in dieser Rechtschreibeordnung eine stille, penetrante Macht, die von den Herrschenden ausgeübt wurde, um ihre Bildungsprivilegien zu verteidigen? Andererseits, machte man sich nicht lächerlich, wenn man ausgerechnet Widerstand falsch schrieb?
Man konnte sich nicht einigen, also wurde abgestimmt. Nur knapp überwog die Gruppe, die den »Wiederstand« korrigiert haben wollte. Daraufhin ging eine Gruppe los,

um möglichst schnell die Schreiber zu finden – die ja noch immer arbeiteten –, und eine zweite Gruppe zog mit einem Topf Farbe los und strich mit Rot (!) das e durch.
So konnte man in den nächsten Tagen an den Mauern der Universität das Ergebnis eines Diskurses über die Macht der Orthographie sehen.
Er ließ sich das gern erzählen und konnte sich jedesmal wieder ausschütten vor Lachen, nicht weil er es lächerlich fand, sondern weil in dieser hochverdichteten Situation auf komische Weise etwas über Ordnung und deren Infragestellung deutlich wurde.

Denn jede Ordnung trägt Macht in sich, und sie aufzulösen, zugunsten eines utopischen Ziels, bedeutet Freiheit, die nicht nur darin bestehen sollte, sich der Macht entziehen zu können, sondern selbst auch keine Macht auszuüben.
Jede Ordnung war etwas, was ihm zutiefst suspekt, ja zuwider war.

Sein Interesse, auch seine Hoffnungen galten den basisdemokratischen Bewegungen der 68er Zeit, besonders der sich damals verbreitenden Erkenntnis von dem Zusammenhang des repressiven Gesellschaftssystems mit der psychischen Verelendung.
Der Revolutionär und der psychisch Kranke. Das sind zwei Möglichkeiten, die sich gegen Macht richten. Der eine, der Revolutionär, will durch Gewalt die gesellschaftlichen Machtverhältnisse verändern, der andere stellt allein durch sein Anderssein – und so verstand er die psychische Krankheit – die Macht des gesellschaftlichen Konsenses, die Normalität der Gesellschaft in Frage.

Er schrieb den Roman *März*, beschäftigte sich mit einem Stück über den Berufsrevolutionär Radek, hatte ein Konzept für ein Guerilla-Stück und eins über Che-Guevara.
Der Revolutionär und der Kranke hängen aber auf eine noch verzwicktere Weise zusammen. Denn die Revolution stabilisiert sich, ist sie erst einmal in die Gegenordnung eingemündet, und übt selbst Macht aus, ja Terror, wie es sich im stalinistischen Rußland gezeigt hat, einen Machtmißbrauch, den der Revolutionär wiederum bekämpfen müßte, wäre er nicht nur kommunistischer Bürokrat. Die Macht sitzt aber noch tiefer, sie reicht bis in das Bewußtsein, bis in die Sprache. Solcher Macht kann in der Realität nur um den Preis der Unverständlichkeit, das heißt der Ausgrenzung aus der Gesellschaft, widerstanden werden.
Ist der Wahnsinn eine Lösung, auch Erlösung, um dem Monstrum Macht zu entkommen?
Damals tauchte dieses Projekt auf: *Rapp, Heinrich,* der Revolutionär, der in der Psychiatrie endet.

Dennoch hat er – was ihm einige Kritiker vorwarfen – die psychische Erkrankung nie verklärt, zu lange war er in der Psychiatrie tätig gewesen, die Schrecknisse der Krankheit waren ihm bewußt, zuweilen als eine ihn zutiefst umtreibende Angst, selbst krank zu werden. Nicht mehr verstanden zu werden, das ist fast so, wie nicht mehr gesehen zu werden.

Hol derl in Papier für dich.
Das war das Letzte, was ich von ihm geschrieben las. Pia zeigte mir die Zeitschrift, auf die er das in seiner mir so vertrauten Schrift geschrieben hatte. Die Seite sah aus, als sei sie, nachdem sie im Regen gelegen hätte, getrocknet.

Ein metallisches Dröhnen. Der Zug fährt über die Brücke, der Fluß, die Ebene liegen im Nebel, ein paar Pappeln und hin und wieder, schon beschnitten, die verkropften Weiden, die für mich immer mit diesem Bild aus dem Film verbunden sind, der in der Po-Ebene spielt, *Der Holzschuhbaum:* der Mann, der mit einem Beil losgeht und einen Baum fällt, um aus dem Holz einen Schuh für seinen Sohn zu schneiden.

Ein Film, der ihm wahrscheinlich nicht gefallen hätte, zu episch wäre er ihm gewesen, zu lang.
Er hat nie, obwohl ich ihm immer davon vorgeschwärmt habe, *Hundert Jahre Einsamkeit* gelesen. Ansätze, wenn ich recht informiert bin, machte er mehrmals, aber er ließ es dann wieder, das war ihm zu langatmig, umständlich, voluminös erzählt, zu viele Nebentäler wurden da durchwandert. Er suchte immer den direkten Weg über die Paßstraße.

Er wollte mir, als er den *Morenga* lektorierte, unbedingt die langen Erzählpassagen herausstreichen. Er konnte sehr hartnäckig sein. Rief mich sogar nachts an, beschwor mich zu streichen.

Oft rief er nachts an, er mußte sich dann in den Schreibdruck bringen. Er wollte dann einfach ein wenig plaudern, diese Einsamkeit am Schreibtisch, immer die eigenen Hände vor Augen, allein mit sich und seinen Gedanken, darum rief er an, aus dem Plaudern entwickelte sich dann meist eine lange, verwickelte Diskussion, wobei er, der Spätaufsteher immer munterer, ich, der Frühaufsteher, immer müder wurde. Eine Zeitlang, wir bereiteten im Verlag ein Anti-Strauß-Buch vor, wurden wir abgehört. Er hörte einmal ein Gespräch, das wir schon am Tag zuvor geführt hatten. Das war keine technische Panne, es war ein Hinweis, der Versuch einer Einschüchterung.

Er war nicht nur beunruhigt, das war mehr, eine fast instinktive Angst vor dem, was da hochkam. Es war die Zeit des *deutschen Herbstes*.
Berufsverbote für Kommunisten, Isolationshaft für die Mitglieder der Roten Armee Fraktion, Kontaktsperre-Gesetze, zugleich eine gezielte Politisierung der ästhetischen Diskussion durch deren mit Preisen, Stipendien und Besprechungen belobigte Entpolitisierung. Die Absage an die Dialektik, an Aufklärung, Brecht hatte plötzlich einen langen Bart, Literatur sollte wieder feiern, ein Luxusartikel sein, alles ist Form, Stoff ist nichts. Der Stoff, das Sujet aber war für ihn als Dramatiker immer auch eine ästhetische Kategorie.

1978, als man hätte denken können, nach dem *Oppenheimer*, *Joel Brand*, dem *März*, sei es an der Zeit, daß Kipphardt – oder auch Peter Weiß oder Alfred Andersch – endlich den Büchnerpreis bekämen, wurde Hermann Lenz ausgezeichnet. Man gönnt dem Kollegen jeden Preis, aber mußte er dann auch noch in seiner Dankesrede Büchner zum Biedermann machen?

Die *FAZ* druckte, um das möglichst vielen Lesern zugänglich zu machen, den Artikel einer Provinzzeitung nach, in dem behauptet wurde, Kipphardt sei im Umgang mit der Kalaschnikow geübter als im Umgang mit der deutschen Sprache. Es war die Zeit, als zur Terroristenhatz auf die Linke geblasen wurde.
Er, der als Kind 1933 mit seiner Mutter den zusammen-

geschlagenen Vater im KZ besuchte und in einer individuellen Renitenz gegen das Regime aufwuchs, glaubte, allenthalben Anzeichen für das Heraufkommen eines neuen, demokratisch verkleideten Faschismus zu sehen. Der Faschismus war 45 zwar militärisch besiegt worden, nicht aber im Bewußtsein der Menschen. Der neue Staatsapparat war größtenteils mit den alten Faschisten besetzt worden, und zwar ganz selbstverständlich im Prozeß der Restauration. Das wurde meiner Generation erst richtig mit der Politisierung 67 bewußt, wo die überall saßen, die kleinen und großen Nazis, nicht nur zu Hause, sondern in der Industrie, in der Verwaltung, der Justiz, im Militär, in den Geheimdiensten.
Der neue Faschismus wäre in nichts mit dem alten vergleichbar, glaubte er, die herrschende Klasse würde sich andere Formen zur Stabilisierung ihrer Macht bedienen, die ja 67 und 68 mit den spontanen Streiks und der Studentenbewegung erstmals im Nachkriegsdeutschland in Frage gestellt worden war. Sie würde umgänglichere Formen finden, sublimere, nicht auf direkter Gewalt beruhende – obwohl auch die möglich war, gegen jene, die den Konsens aufkündigten. Eine technokratische Variante des Faschismus, die, weil sie nicht spektakulär aufträte und sich immer wieder um die mehrheitliche Zustimmung der Bevölkerung bemühte, eine ganz und gar abgepolsterte, komfortable Macht bilden würde.
Er hatte, wie auch Alfred Andersch, Angst vor dem, was da heraufkam, vor dem »demokratischen« Polizei- und Überwachungsstaat.
So trieb ihn wieder die Frage um, wie es dazu kommt, daß Menschen so funktionieren können (ihre Pflicht tun), daß sie auf Befehl zensieren, schreiben, verfolgen, foltern, töten, nicht mit Schaum vor dem Mund, nicht mit blut-

unterlaufenen Augen, sondern ordentlich und pflichtbewußt, und dabei, wie Himmler sagte, »anständige Menschen« bleiben.
Wie war es zu dieser industriell organisierten Massentötung gekommen? Wie kam es zu Auschwitz?
Ihn interessierte weniger die moralische Frage, weil die keinen Erkenntniswert hat. Ihn interessierte dieser alltägliche Mechanismus der Macht.
Er begann, nachdem er das Problem schon im *Joel Brand* von seiner ökonomischen Seite bearbeitet hatte, sich wieder mit Eichmann zu beschäftigen.
Wie entsteht dieses Bewußtsein, woher nimmt es seine Legitimation?
Eichmann, nicht als Ausnahmefall, sondern als Normalfall, Ergebnis einer bestimmten Erziehung, einer Konditionierung durch die Macht, der Durchschnittsmensch, eben *Bruder Eichmann*.
Damit gab er das Rapp-Projekt auf.

Am Brenner lag Schnee. Der Himmel streifte die Berge. Die Zöllner liefen in Pelerinen herum und trugen Handschuhe. Das Ping Pang eines Hammers, mit dem ein Eisenbahner die Bremsen prüfte.

Auch das war ihm klar, daß die Revolution, diese Bewegung gegen die Macht, neue Macht erzeugt und ausübt, hat sie sich erst einmal konsolidiert. Er sah das und beschrieb es genau, diese Erstarrung in den sozialistischen Ländern. Er war ja zu einer Zeit Kommunist geworden, als andere ihre antikommunistischen Kotaus machten. 1947, in der Zeit des kalten Krieges, war er in die DDR gegangen, aber, weil er widersprach, kritisierte und gegen seine Überzeugung nicht revozieren konnte, aus der Partei ausgeschlossen worden und wieder in den Westen zurückgekehrt. Hatte sich aber hier nie zum hofierten Dissidenten machen lassen.

Als Assistenzarzt hatte er einen alten Berufsrevolutionär in der Charité, der, wie er sagte, absolut »normal« im Umgang war, keine Anzeichen eines Versuchs zeigte, sich außerhalb der Sprache, des Denkens zu stellen. Man konnte mit ihm komplizierte revolutionäre Entwicklungen diskutieren, über die verschiedenen kommunistischen Parteien sprechen, die er kannte und deren Politik er durch Lektüre genau verfolgte. Er beherrschte mehrere Sprachen, beobachtete das alltägliche Geschehen um sich. Nur zu ganz bestimmten Zeiten war er nicht ansprechbar, dann gab er über die Steckdose in seinem Klinikzimmer revolutionäre Anweisungen in alle Welt, empfing auch Nachrichten. Wurde er dabei gestört, tobte er besinnungslos. Welche Anweisungen gab er? Ließ er Leute liquidieren oder versuchte er, das zu verhindern? Glaubte er, man müsse den Apparat stärken? Oder sollte man basisdemokratische, anarchistische Strömungen unterstützen?
Auch das hatte ich ihn fragen wollen.
Denn Rapp, das kann man den Fragmenten entnehmen, wurde zuschanden an eben jenem unauflösbaren Widerspruch, daß jede Revolution sich alsbald ein neues Machtsystem schafft, verhärtet, verbürokratisiert, unmenschlich wird, wenn sie sich nicht immer wieder an eben jenem emanzipatorischen Prozeß orientiert, der die aktuellen Bedürfnisse der Menschen berücksichtigt, jetzt und hier, nicht am Sankt-Nimmerleinstag. Wie aber kann eine neue, auf einem breiteren Konsens beruhende Gesellschaftsform gegen die Angriffe derjenigen Klasse verteidigt werden, die ihre Macht verloren hat?

Die permanente Revolution. Und die Antwort der etablierten Macht: die Spitzhacke.
Wie kann ein revolutionäres Bewußtsein geschaffen werden, das sich selbst *immer* in Frage stellt, ohne sich und sein Ziel – mehr Gerechtigkeit *und* Freiheit – aufzugeben?
Rapp in der Psychiatrie. Rapp endet durch Selbstmord.
Rapp, Heinrich wäre vielleicht das Komplement zur *Ästhetik des Widerstands* von Peter Weiß geworden.

Er machte Fernsehfassungen von seinen älteren Theaterstücken. Was ich nie verstanden habe und falsch fand. Warum? Er wich aus. Es mußte Geld verdient werden. Er verdiente doch gut. Vielleicht war es eine Scheu vor dem Projekt, dem zu ganz neuen und unabsehbaren Fragen führenden Projekt nach dem Sinn der politischen Aktion, der Revolution?
Wir hätten ihn anders fordern müssen. Man denkt, es ist ja noch Zeit. Er war fast 60 und erschien mir nicht alt.

Ein bundesdeutscher Grenzschutzbeamter zieht die Abteiltür auf. Den Paß, bitte!
Blättert im Fahndungsbuch. Vergleicht die Paßnummern, sein Zeigefinger rutscht langsam die Seite herunter.
Er mochte keine Uniformen. An den Eingängen zu Abflughallen stand er da, in seinem schwarzen Nadelstreifen-Anzug, hob die Hände hoch und starrte an dem Polizisten vorbei, der ihn nach Waffen abtastete. Man merkte ihm an, daß es ihn eine große Überwindung kostete, ruhig zu stehen, sich anfassen zu lassen.
Der Grenzschutzbeamte klappt sein Fahndungsbuch zu, gibt den Paß zurück und wünscht gute Reise.

Wahrscheinlich war es so, daß er glaubte, in diesen kalten Zeiten mit seinem Eichmann-Stück etwas zur Aufklärung beitragen zu müssen (denn daß Literatur das kann, wenn auch nur in bescheidenem Maß, davon war er überzeugt), zu zeigen, wie Macht internalisiert, wie sie selbstverständlich und immer selbstgefälliger wird, wie sie in Gewalt, schließlich in Terror gipfelt.

Was ich ihn immer fragen wollte: warum er nicht desertiert war, obwohl er beim Rückzug zweimal hinter die russische Front geraten war.

In den Erzählungen meines Vaters über den Krieg war das Schreckliche meist nur eine sprachliche Wendung, ein rhetorischer Schnörkel, und nur ganz selten und ganz unvermittelt, und auch dann nur unter dem Einfluß von Alkohol, kam plötzlich etwas von dem Grauen hervor, damals 1943, als im Winter russische Gefangene sich auf einen von einem deutschen Wachposten niedergeschossenen Russen stürzten, dem die Karabinerkugel den Schädel aufgerissen hatte, und das in der Kälte dampfende Gehirn aßen.
Einmal sah ich den Vater, den immer gefaßten, am Heißluftkamin stehen. Er hatte getrunken. Er stand da und weinte vor sich hin, konnte auf meine Fragen keinen Grund nennen. Verbarg das Gesicht in den Händen und wurde vom Schluchzen geschüttelt.

Ich hatte Fragen, die ich, genau genommen, meinem Vater hätte stellen müssen, aber mein Verhältnis zu meinem Vater war zuletzt so, daß wir einander nicht mehr fragen konnten. Vielleicht wäre das später wieder möglich gewesen. Ich war achtzehn, als er starb.

Der biologische Vater ist nicht wählbar.
Seine Erzählungen vom Krieg waren, von Fragen begleitet, eher kühl distanziert. Nur einmal, als er mir erzählte, wie im Straßenkampf die Russen aus den Häusern gedrückt wurden, wie man erst in den obersten Stock stürmen mußte, um dann von Wohnung zu Wohnung den Feind herauszudrücken, machte er dazu eine illustrierende, völlig übertriebene kräftige Handbewegung, preßte in einer verzweifelten Imitation dessen, was damals war, die Hand auf die Tischplatte, so daß weiß die Knöchel heraustraten.

In diesem Sommer fühlte ich mich wie tot, und das ist angenehm, abzusterben eine Wollust. Sagt Kofler, der Arzt in *März*.

War das, vom Text abgezogen, auch eine biographische Aussage? Genoß er das wirklich, das Absterben? War es nicht gerade das, was er zutiefst befürchtete, was ihn quälte, die Vorstellung, Kraft zu verlieren, Leben?

Er war noch immer ein guter Diagnostiker, obwohl er schon seit Jahren nicht mehr als Arzt praktiziert hatte.
Manchmal traf man Patienten aus der Psychiatrie bei ihm.
Manchmal Gefährdete. Er saß da und hörte zu.
Ein Buddha, diese Ruhe strahlte er aus.
Die Kunst, sich ein solides Körpergewicht anzuessen, lobte er, nahm zugleich aber Appetitzügler.
Er war, im Gegensatz zu anderen bekannten Kollegen, auf eine selbstverständliche Weise solidarisch, als der Autoren Edition gekündigt wurde, blieb dabei, damit auch die unbekannteren Autoren einen neuen Verlag fänden, obwohl er selbst zu fast jedem anderen Verlag hätte

gehen können, zu besseren Bedingungen und, vor allem, ohne aufreibenden Verlagsärger.
Was ich nie an ihm verstand und was ihn mir fremd machte manchmal, war, wie sehr er die körperliche Kraft lobte. Sie ist ja die plumpeste Form der Macht, wahrhaft atavistisch, aber deshalb auch faßbarer.
Ich hielt das immer für eine verbale Kraftmeierei oder aber für den Versuch, irgendwelche Leute, die er verachtete einzuschüchtern. Er prügelte sich dann aber auf einer Party tatsächlich einmal.
Er konnte plötzlich aufbrausen, einer unbeherrschten, besinnungslosen Wut anheimfallen, sich hineinsteigern, ich habe das manchmal fassungslos beobachtet.
Es brach dann etwas aus ihm heraus, eine unverständliche, schwer deutbare Ungeduld, die ihn sich selbst und mir fremd machte.
Einmal konnte er mit einem Wutausbruch einen Zensurversuch verhindern. Die Bertelsmann-Manager saßen erschrocken; was sie da erlebten, war Gewalt.
Es war aber ein kontrollierter Wutanfall. Später lachten wir über die Gesichter der Manager.
Er konnte zaubern. Er zauberte unseren Kindern nicht nur ein Stück Schokolade, sondern Tafeln, ganze Tüten mit Bonbons, Ostereiern herbei. Heinar, der Zauberer.
Er, der sehr viel las, hatte in einer ganz erstaunlichen Weise die literarischen und theoretischen Texte parat, zitierte sie, aber nicht illustrierend, sondern immer so, daß in ihnen eine neue Fragestellung, eine neue Seite des Problems auftauchte. Ein rastloses Weiterfragen.
So fragte er auch die Leute nicht nach Erlebnissen, sondern nach ihren Einschätzungen.
War Pia verreist, kochte Franz, sein Sohn, damals zwölf, für ihn, der so gern aß, Würstchen aus der Dose. Man

hatte den Eindruck, daß er, wäre er allein und ohne gefüllten Eisschrank sich selbst überlassen, verhungert wäre.
Er mochte nicht allein zu Hause sein, telefonierte dann stundenlang.

Er besuchte uns mit Pia in Rom. Er wollte dort seinen 60. Geburtstag feiern. Wir waren an der Piazza Navona zum Essen gegangen, Spaghetti mit Trüffeln. Er aß zwei Portionen. Wir lachten, daß die Italiener herüberblickten. Dann gingen wir hinaus, in einen warmen sonnigen Märztag, gingen die Via S. Agostino entlang. Auf der Straße waren kaum Passanten. Es war ein stiller früher Nachmittag. Da kam ein Mofafahrer und riß, obwohl Kipp breitschultrig neben ihr ging, Pia mit einer akrobatischen Verrenkung die Tasche von der Schulter. Er lief hinterher, brüllend. Aber die wenigen Passanten blickten nur verwundert oder irritiert hoch. Der Mofafahrer verschwand, deutlich sah man den Riemen von Pias Tasche herunterhängen. Ich lief zu einem Polizisten, der winkte einen Wagen heran, eine Zivilstreife. Der Mann am Steuer lud die zwischen die Beine gesteckte Pistole durch und raste los. Zum Glück haben sie den Dieb nicht gestellt.
In der Tasche waren die Schecks, aber auch Schmuck und ein paar Andenken. Wir saßen später auf dem Polizeipräsidium, wo das Protokoll aufgenommen wurde.
Er begann eine Theorie zu entwickeln, daß der Diebstahl, genaugenommen, ein verhindertes Geschenk sei.
Ich war zu sehr mit Übersetzungsfragen beschäftigt, um der Argumentation folgen zu können. Was heißt Granatbrosche auf italienisch?
Gern würde ich ihn heute fragen, wie er das mit dem verhinderten Geschenk gemeint hat.

Zuletzt hab ich ihn gesehen, als ich ihn und Pia in der Villa Massimo abholte, um sie zum Flughafenbus zu fahren. Sie saßen auf der Bank am Tor, dicht nebeneinander, Hand in Hand. So könnten sie alt werden, dachte ich, in Angelsbruck, wie die Bauersleute, die vor ihren Austragshäuschen sitzen, schweigsam. Alles ist getan. Alles ist gesagt. Eben das nicht.

Ich war kurz vor Rosenheim eingenickt, dieses schienenschlagende, vierzehn Stunden lange Schütteln.

Wir waren in Palestrina und hatten das römische Mosaik des Nils angesehen, eine kleine zoologische und ethnologische Studie.
Wir saßen danach in einem Gasthof unter einer Weinlaube, darin tobten die Drosseln.
Rom gefiel ihm, die Umgebung, und er verstand jetzt den Wunsch, hier zu leben, diesen Versuch, sich in der Fremde als Fremder zu begegnen, mit dieser kleinen Distanz zu sich, zu den Freunden, zu den Gewohnheiten, zur Sprache, um sich selbst auf lustvolle, neugierige, spielerische Weise in Frage zu stellen, von außen zu sehen, und somit der Macht des Faktischen ein Schnippchen zu schlagen, nicht auf Dauer, eine Zeitlang, bis man sich wieder eingerichtet hatte.

In München angekommen, hörte ich, er sei gestorben.

Die Nacht vor seinem Begräbnis schlief ich in Angelsbruck.
Nachts wachte ich auf. Shiva, sein Hund, bellte, erst leise, dann lauter, dann ging das Bellen in ein langgezogenes, klagendes Jaulen über.

Die Dunkelheit ist nicht nur blind, sie macht, daß man nicht mehr gesehen wird, das ist das Fürchterliche, nicht mehr gesehen werden.

Am nächsten Morgen wurde sein Sarg nach Reichenkirchen überführt.
Wir standen vor der kleinen Kapelle. Der Leichenwagen hatte am Straßenrand geparkt. Zwei kräftige Männer hoben den Sarg aus dem Wagen. Beinahe wäre er ihnen aus den Händen gerutscht. Sie trugen schwer an dem Sarg, hatten ihn mit beiden Armen umfaßt und setzten ihn in der kleinen Kapelle ab, vor der Pia und Franz standen. Der Fahrer winkte mich zu dem Wagen. Er wollte wissen, was er mit den Sachen machen solle. Da lagen seine Hose, sein Hemd und seine mir so vertraute Weste. Der Mann bemerkte mein Zögern, meine Ratlosigkeit, und sagte, wie um mir zu helfen: Man kann ja nicht mehr viel damit anfangen. Und zeigte die Weste. Sie war der Länge nach über dem Rücken aufgeschnitten.

Manchmal habe ich von ihm geträumt. Die Fragen, die er mir im Traum beantwortet hat, waren auch schon im Traum vergessen.
Die Erinnerung blieb.

März, Gedichte
Die Hoffnung drückt das Herz.
Das Herz tut weh.
Schlau kommt der Tod als Hoffnung.

UWE TIMM
DER SCHLANGENBAUM
Roman

Dies ist die Geschichte von Wagner, einem Spezialisten für Hoch- und Tiefbau, dem von seiner Firma die Bauleitung einer Papierfabrik in Südamerika angeboten wird. Spontan sagt er zu und begreift erst sehr viel später, daß sein jäher Impuls zum Aufbruch auch Flucht war: Flucht vor dem Stillstand seiner Ehe, vor der beruflichen Routine, vor dem Absterben der Wünsche.
Timms Roman hat die lebendige Spannung des Abenteuer- und Entwicklungsromans und doch zugleich die erzählerische Strenge der Parabel. Die selbstgewissen Versuche der Europäer, sich das Fremde anzueignen und ihre Zivilisation auf der Erde auszubreiten, führen zu einem stummen Prozeß ihrer »Austreibung«, die apokalyptischen Schrecken heraufbeschwört.

KIEPENHEUER & WITSCH

Uwe Timm
Heisser Sommer

Roman
KiWi 70

»*Heißer Sommer* ist eines der wenigen literarischen Zeugnisse der Studentenrevolte von 1967. Heute, fast 20 Jahre danach, ist das Buch selbst ein Stück Geschichte, das uneingeholte politische Erwartungen wachhält und die Atmosphäre eines bewegenden historischen Moments mit all seinen Spannungen, Aufbrüchen, beschleunigten Entwicklungen unvergessen macht. Für mich der ich ›damals‹ draußen stand, ist *Heißer Sommer* eines der wichtigsten Bücher.« *Alfred Andersch*

KiWi Paperbackreihe bei Kiepenheuer&Witsch

UWE TIMM
MORENGA

Roman
KiWi 82

»Ohne Uwe Timms *Morenga* zu kennen, wird man in Zukunft über die deutsche Kolonialgeschichte nicht mehr nachdenken können. Ganz außerordentlich, wie in diesem Buch die Fiktion aus den Fakten hervorgeht. Ich bewundere die Genauigkeit von Timms Recherche und die Meisterschaft seines sachlichen, stillen und von Spannung erfüllten Erzählens.« *Alfred Andersch*

»Uwe Timm erzählt, wie das Deutsche Reich am Anfang des Jahrhunderts die Hottentotten erledigte. Ich habe das Buch mit zunehmender Bewunderung gelesen. Daß man sich so viel Stoff aneignen und dann so produktiv damit umgehen kann, hatte ich nicht für möglich gehalten.«
Martin Walser

Morenga, die Geschichte vom Hottentottenaufstand in Deutsch-Südwestafrika, dem heutigen Namibia, wurde als dreiteilige Fernsehserie verfilmt und als Spielfilm im internationalen Filmwettbewerb auf der Berlinale gezeigt.

KiWi Paperbackreihe bei Kiepenheuer&Witsch

Uwe Timm
Der Mann auf dem Hochrad
KiWi 97

Coburg Ende des vorigen Jahrhunderts: Ein Mann, der Präparator Schröder, besteigt ein Hochrad, schwankt, fällt, steigt wieder und wieder auf und lernt schließlich die hohe Kunst des Hochradfahrens. Diese Pioniertat bringt die Kleinstadt in Bewegung. Der Fortschritt, den Schröder auf wunderbare Weise in dem Hochrad verkörpert sieht, spaltet die Bevölkerung in Anhänger und Feinde. Ideologien formieren sich, soziale Barrieren werden überschritten, menschliche Beziehungen verwirrt. Ungeheuerliches geschieht: Anna, die Präparatorsgattin, fährt im syrischen Unterkleid durch die Stadt, während ein Freifräulein vom herzoglichen Hof bei ihrem Versuch, frei zu fahren, immer wieder in Schröders Arme sinkt.

Uwe Timm erzählt eine Familienlegende, die einen wahren Kern hat, die Geschichte von Onkel Franz, der nicht nur das Hochradfahren in Coburg einführte, sondern auch den eigenwilligen Versuch unternahm, die Tiernachbildung aus ihrer Starrheit zu befreien. Timm gibt dieser originellen Gestalt etwas von der Besessenheit, die alle großen Entdecker und Erfinder auszeichnet. In der kleinstädtischen Enge jedoch werden seine Höhenflüge schnell gebremst.

KiWi Paperbackreihe bei Kiepenheuer&Witsch